公開霊言

アドラーが本当に言いたかったこと。

大川隆法

RYUHO OKAWA

まえがき

宗教家の側から、精神分析医《ぶんせきい》を精神分析するという、一風《いっぷう》変わった本となった。それにしても、近年の日本ではアドラーブームのようで、アドラーの解説本や入門書が多数出されている。

今年の一月から三月にかけては、アドラー哲学を扱った「嫌われる勇気」が毎週の刑事ドラマの形で放送されていた。その内容を特別に批判するつもりはない。アドラー哲学を刑事ドラマとして脚本化するのは、私にだって簡単ではないからだ。

ただ心理学は、宗教家にとっては、隔靴掻痒《かっかそうよう》（もどかしいこと）の感《かん》もあるので、私の側から逆照射《ぎゃくしょうしゃ》したほうが、アドラーが本当に言いたかったことを明らかにすることも容易かもしれない。

今後の勉強と、自分の生き筋を見極《みきわ》める上でお役に立てれば幸いである。

二〇一七年　三月二十一日

幸福《こうふく》の科学《かがく》グループ創始者兼総裁《そうししゃけんそうさい》　大川隆法《おおかわりゅうほう》

公開霊言　アドラーが本当に言いたかったこと。　目次

公開霊言《れいげん》 アドラーが本当に言いたかったこと。

二〇一七年三月十七日　収録
東京都・幸福の科学総合本部にて

10

「過去世《かこぜ》」と「他の哲学者たちとの関係」を訊《き》く　142

11 アドラーが〝幸福の科学の悩み〟を分析する

「霊言現象《れいげん》」とは、あの世の霊存在の言葉を語り下ろす現象のことをいう。これは高度な悟《さと》りを開いた者に特有のものであり、「霊媒現象《れいばい》」（トランス状態になって意識を失い、霊が一方的にしゃべる現象）とは異なる。外国人霊の霊言の場合には、霊言現象を行う者の言語中枢《ちゅうすう》から、必要な言葉を選び出し、日本語で語ることも可能である。

なお、「霊言」は、あくまでも霊人《れいじん》の意見であり、幸福の科学グループとしての見解と矛盾《むじゅん》する内容を含《ふく》む場合がある点、付記しておきたい。

公開霊言《れいげん》
アドラーが本当に言いたかったこと。

二〇一七年三月十七日　収録
東京都・幸福の科学総合本部にて

アルフレッド・アドラー（一八七〇～一九三七）

オーストリア出身の精神科医・心理学者。フロイトのウィーン精神分析《ぶんせき》協会の中核的《ちゅうかく》メンバーとして活躍《かつやく》するも、学説上の対立から脱退《だったい》。個人心理学協会を設立し、個人心理学の学派を打ち立てた。著書に『人生の意味の心理学』『個人心理学の理論と実際』などがある。

質問者　※質問順

斎藤哲秀《さいとうてっしゅう》（幸福の科学編集系統括《とうかつ》担当専務理事
兼《けん》 ＨＳＵ未来創造学部芸能・クリエーターコースソフト開発担当顧問《こもん》）

上村宗資《かみむらそうし》（幸福の科学宗務《しゅうむ》本部庶務《しょむ》局主任）

北舘努《きただてつとむ》（ＨＳＵ部長）

［役職は収録時点のもの］

1 『嫌《きら》われる勇気』で知られる心理学者・アドラーの霊《れい》を招霊《しょうれい》する

「フロイト、ユング、アドラー」は心理学の三巨頭《きょとう》

大川隆法　「アドラー」と言われても、すぐには分からない人もいるかと思いますが、心理学のなかでは、フロイト、ユング、アドラーが三巨頭《きょとう》と言われている人たちです。

フロイトとユングについては、もうすでに霊言集《れいげんしゅう》が出ています（『フロイトの霊言』『「ユング心理学」を宗教分析《ぶんせき》する』〔共に幸福の科学出版刊〕参照）。

「神秘の世界」を解明しようとしたユングの本心とは。
『「ユング心理学」を宗教分析する』（幸福の科学出版刊）

神なき精神分析学の問題点と闇が明らかに。
『フロイトの霊言』
（幸福の科学出版刊）

フロイトは、残念ながら、どうも（地獄《じごく》に）堕《お》ちているようです。

ユングは、そのまま信じられるかどうかは分かりませんが、「空海《くうかい》の魂《たましい》の分身のような人なのではないか」という感じはありました。

残りのアドラーについて、今日（二〇一七年三月十七日）、霊言を収録しようと思っています。

フロイトは、どちらかといえば、『夢判断』あたりからあと、「幼少時の幼児性欲が、いろいろと人生に影響《えいきょう》する」というような考え方をし、「幼児の時代における、いろいろなコンプレックスのようなものが、成人してからも、いろいろな人生行路に影響する」と考えました。

そのため、「幼少時にできたトラウマ（精神的外傷）のようなものが何かないかどうか」ということを調べていきます。そして、「原因を追究し、原因が分かった

ジークムント・フロイト（1856 ～ 1939）
オーストリアの精神科医。「精神分析」の創始者。心理学等の分野を代表する学者として、社会学や教育学等に影響を与えているが、その一方で、性欲を中心に説明する発達論には多くの疑問が呈されている。主著は、『精神分析学入門』『夢判断』等。

ら、病気や精神性の異常などの〝カルマ〟が崩壊《ほうかい》していく」と考えるのです。

フロイトの心理学は、そのような感じのものかと思います。

ユングはフロイトの弟子《でし》でしたし、アドラーもいちおうフロイトの弟子に近い立場ではあるのですが、ユングもアドラーも、あるときからフロイトと袂《たもと》を分かち、別になっていきました。

本来、宗教家になるべき魂《たましい》だったユング

大川隆法　第三者から見れば、ユングは、本来、宗教家になるべき魂《たましい》だったかと思います。

彼の場合、身の回りで宗教的な神秘現象がたくさん起きていたのですが、それには深入りしないで、思想等を淡々《たんたん》と学問的に記述しているような状況《じょうきょう》でしたが、宗教の世界で生きたら、

カール・グスタフ・ユング（1875～1961）
スイスの精神科医・心理学者。深層心理について研究し、分析《ぶんせき》心理学の理論を創始した。特に、「集合的無意識」の研究に取り組み、夢分析を重視した。また、心理臨床に「箱庭療法」を取り入れたことでも知られる。主著は『元型《げんけい》論』『自我と無意識』など。

きちんと宗教のほうで仕事ができそうな感じでした。

例えば、彼とフロイトが図書室か書斎《しょさい》で話をしていると、本棚《ほんだな》から急にパチンという音がしたことがあったのですが、「もう少ししたら、もう一回、音がしますよ」とユングが言うと、そのとおり、またポルターガイスト（騒霊《そうれい》現象）のような音がしたのです。

こんなことが言える人は、考えてみたら、「宗教家系」か「超能力者系《ちょうのうりょくしゃ》」しかないわけです。

ユングも夢を診《み》る人で、「夢の解釈《かいしゃく》」をするのですが、どちらかというと、ユングの業績は、「広大無辺な無意識の世界を開拓《かいたく》した」ということでしょうか。

ただ、私たちから見て不十分なのは、宗教的な意味づけというか、霊界《れいかい》の意味づけが十分にはできていなくて、あくまでも「心理学」として、それを探究しようとしたということでしょうか。

別の機会にも話をしましたが、ユングは、「宇宙即我《そくわれ》」的な幽体離脱《ゆうたいりだつ》体験をし、成層圏外《せいそうけんがい》から地球を見下ろすような体験をしています（『「人間幸福学」とは何か』『「幸福の心理学」講義』『釈尊《しゃくそん》の出家《しゅっけ》』〔いずれも幸福の科学出版刊〕参照）。

これは、宗教家なら、通常、「悟《さと》りを開いた」というような体験なのですが、そういう体験についても、彼は、そのように思ってはいないようで、あくまでも科学的に学問的に解釈しようとしていたと思います。それがよかったのかどうかは分かりません。

そのように、ユング派は一種の新宗教っぽい雰囲気《ふんいき》を漂《ただよ》わせてはいたのですが、いちおう「学問」と称《しょう》して科学的探究をしていたようではあります。ある意味で、キリスト教世界においては「新宗教」をつくれないので、その代わりに、「心理学」という学問で出てきたのではないかと受け取れるところもあるのです。

個人の無意識の世界は、「守護霊《しゅごれい》や指導霊の世界」、あるいは「憑依霊《ひょういれい》なども含《ふく》めた世界」にまで本当は届いているのですが、ユングには、それを十分に認識してはいなかったところがあるように思います。

ユング派は一種の新宗教っぽい雰囲気《ふんいき》を漂《ただよ》わせてはいたのだが、いちおう「学問」と称《しょう》して科学的探究をしていたようではある。

また、ユングは、人類が共有する「元型《げんけい》」的な無意識のようなものについても、よく言っていた方ではあります。

このへんについては、まだ、〝斬《き》り込《こ》む隙《すき》〟がそうとうあります。これで、学者として、あるいは精神分析医としてご飯《はん》を食べられる方がたくさんいるのは、まことにありがたいことではあるのですが、宗教的に見れば、そのなかに〝淫祠邪教《いんしじゃきょう》の類《たぐい》〟もそうとう出回っているように見えなくもありません。

「自己啓発《けいはつ》の心理学」の中心に位置するアドラー

大川隆法　三番目のアルフレッド・アドラーという人は、オーストリアのウィーン生まれの精神科医ですが、「フロイトの性欲中心主義に反発し、精神病の起因を劣《れっ》等《とう》感と優越《ゆうえつ》感の争いに求める個人心理学を唱《とな》え、心理学の一派を立てた」と言われています。

二十世紀の前半あたりから、自己啓発《けいはつ》の本が非常に流行《はや》っており、本がそうとう出ていますが、簡単に言うと、アドラーは、「自己啓発の心理学」あたりの、ある意味で中心的なところに存在するのではないかと思います。

したがって、似たようなものがほかにもたくさん出ている印象はあります。これが心理学として確立するものかどうか分かりませんが、「神を取っ払《ぱら》った宗教」という言い方で捉《とら》える人も、いることはいるようです。

ここ（幸福の科学総合本部）に来る前にアドラー本人（の霊）と少し話をしてみたのですが、「個人の診察《しんさつ》などをやっているから、宗教で言うと、個人相談や接心《せっしん》など、人生相談をやっているものに近いのかもしれない」というようなことを言ってはいました。

ドラマ「嫌《きら》われる勇気」はアドラー心理学とは無関係

大川隆法　最近、アドラーが日本でよく知られるようになったのは、『嫌《きら》われる勇気』という本が二〇一三年に出版されてからです。よその出版社から出た本を宣伝

アドラーは、
「自己啓発《けいはつ》の心理学」あたりの、
ある意味で中心的なところに
存在する。

してもしかたがないのですが、なぜかダイヤモンド社の本をよく宣伝する気《け》が当会にはあるのです。これはシリーズ累計《るいけい》で百八十万部以上も売れているようです。

本来、心理学の本など、それほど売れるわけはないのですが、アドラーの本を訳したことのある方などが、「青年と哲人《てつじん》との対話篇《へん》」のような感じでアドラーの思想をまとめ、分かりやすく書き直したので売れたのでしょうし、題名が当たった面もあるでしょう。そういうことで、かなり売れたのです。

百八十万部ぐらいまで行くと、かなりの層にまで知られているレベルにはなっていると思います。

実は、この本と同名のドラマ（フジテレビ系）が今年一月から三月まで放送され、昨日《きのう》、最終回が終わったので、今日、アドラーの霊言を収録しようと思い、総合

『嫌われる勇気』
（岸見一郎《きしみいちろう》、古賀史健《こがふみたけ》 共著、ダイヤモンド社刊）

本部のほうに、「このドラマを観《み》た人を（質問者として）出せますか」と訊《き》いたら、「誰《だれ》も観ていません」とのことでした（笑）。

斎藤　（笑）

大川隆法　みなさんは、まことに仕事熱心で、勉強熱心であり、私が、「あのドラマは〝外《はず》れて〟いる」というようなことをどこかで言ったので（二〇一七年一月二十一日説法《せっぽう》「仕事ができるとはどういうことなのか」。『仕事ができるとはどういうことなのか』〔幸福の科学出版刊〕参照）、まったく観なくなったのではないかと思われます。

私が「（アドラーの心理学とは）ちょっと違《ちが》うのではないか」と言ったあと、日本アドラー心理学会からも、「あのドラマは、アドラーの思想とは違うのではないか」というような抗議《こうぎ》が途中《とちゅう》で出ました。

もともと、対話篇だけで書き、分かりやすくしようとしたものを、「人殺し」などを捜査《そうさ》する捜査一課を舞台《ぶたい》にした刑事《けいじ》ドラマにしたので、「かなり無理があるかなあ」と思って私は観ていたのですが、やはり最後まで無理が残ったように感じました。

あのドラマは、アドラー心理学とは、まったく関係がないといえば関係がないのです。ときどき心理学者が出てきて、犯罪心理学のことを少し言ったりするところあたりで、〝匂《にお》い〟がある程度です。

『嫌われる勇気』という題名が当たって、本は売れたのですが、アドラーは「嫌われろ」と言っているわけではないと思うのです（笑）。ところが、そのドラマでは、女刑事が、嫌われるようなことを一生懸命《いっしょうけんめい》言ったりしたりしていたのが特徴的《とくちょう》でした。

このへんについては解釈の余地はあるかと思います。

「過去」ではなく、「現在」と「未来」を重視するアドラー

大川隆法　『嫌われる勇気』の続編として、『幸せになる勇気』という本も出ています。

よその本ばかり宣伝するのはあまり気分がよくないので、「幸福の科学の本がもう少し売れないといけないな」と思いますが、この本の表紙の裏（カバーの前袖《まえそで》部分）を見たら、「愛される人生ではなく愛する人生を選べ」という、どこかで聞いたような、当会もよく言っているようなことが書いてありました。これは今出ている本なので、どちらがどちらをまねしたか、ちょっと分かりませんが（笑）。

また、同じ部分に、「ほんとうに試《ため》されるのは歩み続けることの勇気だ」とも書いてあります。

わりに当会と〝似たようなマーケット〟を攻《せ》めていると思います。神様がいないだけで、あとのところでは、「個人の悩《なや》み」などを解決するために、考えを出そう

としているのでしょうし、「人生は変えていけるのだ」というようなことを言ってもいるのだろうと思います。

フロイトとの違いを言うとすれば、フロイト的なものでは、「幼少時のことが、いろいろと人生に決定的に影響する」というような言い方をするのですが、アドラーは、その考え方を取りません。「トラウマの影響のようなものをできるだけ排除《はいじょ》し、見ないようにしようとする傾向《けいこう》」がアドラーにはあると思います。

ただ、それが正しいかどうか分かりません。全部を「幼少時のこと」や「性欲問題」に絡《から》めるのは行きすぎだとは思っていますが、そうかといって、「過去のトラウマは、まったく関係がない」と言うのも行きすぎではないかと私は個人的には思っています。

それから、アドラーの考えには、「運命の人」のようなものを認めない傾向が基本的にはあります。神秘思想などの宗教的な思想には、「運命の人」のようなものを探す傾向があるのですが、アドラーはそういうものを認めません。

●**縁起の理法**　仏教の中心思想の一つで、「因《いん》」(原因)と「縁《えん》」(条件)によって「果《か》」(結果)が現れるという法則のこと。原因・結果の法則ともいわれる。

そして、男女関係というか、「結婚《けっこん》の心理学」としては、基本的に、「ダンスのようなもので、一緒《いっしょ》に組んで、うまく踊《おど》れるかどうか。相手に合わせて踊れるかどうか。そのへんの技術が大事だ」というような考えを取るわけです。

そのため、アドラーは、昔に原因を求め、「だから、今があるのだ」という考え方をあまりしないので、彼の考え方は、仏教の「縁起《えんぎ》の理法《りほう》」的な考え方とは少し違うかもしれません。

もしくは、「そういうことはあるのかもしれないけれども、それよりは、過去は無視して、むしろ、『現在ただいまから未来をどうするか』が問題なのだ」という考え方を重視しようとするのです。そういう感じだと思います。

第一次世界大戦後の1930年、ベルリンで講演するアドラー教授。

ただ、「愛を与《あた》えられることより、与えるほうを選べ」という考え方自体は、当会の基本思想にも合っていると思いますし、「人生はつくれる」という考えについても、当会の思想と同じだとは思います。

アドラーは、そのような考えの人であろうと思います。

自己啓発的なもので、「ある程度、後天的に努力して変えていけるものだ」という考え方で、フロイト的な呪縛《じゅばく》から逃《のが》れようとしているのでしょう。

しかし、ユングほど心霊的に深くは入っていなくて、印象的には、「通俗《つうぞく》哲学」というあたりかもしれません。位置づけとしては、そのあたりになるのではないかと思っています。

完全には煮詰《につ》まっていないアドラーの思想

大川隆法　さて、アドラーの思想を要約すると、どうなるでしょうか。

「嫌われる勇気」というのを、どう取るべきかはよく分かりませんが、個人を大事にする個人心理学なので、「個人として、結局、どのように生きれば幸福か」というあたりを捉えているわけでしょう。

また、子育てにも関心はあったようですが、アメリカなどに見られる「ほめ続ける教育」ということでもありません。ほめて育てる教育もあるけれども、ほめられてばかりの子供は、「承認欲求《しょうにんよっきゅう》」といって、いつも親や教師に対して承認を求めるので、大人になってからあとが駄目《だめ》になるというわけです。つまり、そういうやり方は、子供時代はうまくいっても、大人になってから駄目だということでしょう。

一方で、叱《しか》ってばかりいるような、〝引き算型〟の指導も駄目で、「叱ればよくなる」というのも間違いだと考えているようです。「このどちらでもないところに理想がある」という言い方をしています。

ただ、この捉え方は実に難しくて、仏教的には〝中道《ちゅうどう》的〟にも感じるのですが、やや〝評論家的〟だと言えなくもないところではあるでしょう。心理学者や精神分析医としては、〝逃《に》げ道〟がちゃんとあるように見えなくもないのです。

アドラーの思想は、仏教的には
〝中道的《ちゅうどう》〟にも感じるのですが、
やや〝評論家的〟だと
言えなくもない。

確かに、「『昔の原因によって全部、今がある』とは思わずに、今から先のことを自分でつくっていけ」という考え方自体はよろしいかもしれません。例えば、「縁起担《かつ》ぎ」とか、「易《えき》・占《うらな》い」、「姓名《せいめい》判断」とか、あるいは、「心霊コンサルタント」のようなところに行き、過去世《かこぜ》のカルマなどを言われたりして、それに縛《しば》られるとかいうことよりは、現代的である気もします。

ともかく、人を育てるにしても、ほめすぎず、怒《おこ》ってばかりでもなく、「自立する生き方を目指すようにすべきだ」ということなのでしょう。

そして、「幸福感」は何によって得られるかといえば、「貢献《こうけん》感覚」なのだということになります。つまり、「共同体、あるいは、世の中へ貢献したという感覚が幸福感のもとなのだ」というわけです。

したがって、最終的には、「共同体への帰属《きぞく》感覚」、もしくは、「貢献している感覚」といったものにつながれば、人間としては十分幸福に生きていけるという言い方になるのだと思います。

ただ、個人心理学として、「個人の問題を追究したり、自己研鑽《けんさん》したりしていく考え方」と、「共同体感覚を持つ考え方」とを一致《いっち》させるのは、なかなか難しいのではないでしょうか。

例えば、政治学的に見ても、ハンナ・アーレントなどは、「参加の政治学」ということをずいぶん言ってはいますが、それは、昔のギリシャにおける民主政のように、国家が小さくて、現代の「市」ぐらいのレベルであれば、市民運動によって、国のいろいろなものに影響を与えることができるとは思います。しかし、今のように「億」の単位の人口がいる国家になると、デモをやったからといって、それが本当の民意かどうかは分からないといった問題もあるわけです。

マスコミにしても、民意かどうかは分からずにいるでしょう。週刊誌の編集長が、「大臣のクビを取ったら勝ち」という感じでやっているようなところもあるので、それでやんやの喝采《かっさい》をしたところで、「それが本当に民主主義的なものなのかどうかは分からない」と思います。

●ハンナ・アーレント（1906～1975）　ドイツ出身のユダヤ人政治哲学者。ナチス政権成立後、亡命。全体主義を批判。アーレントは、政治の理想を「自由の創設」とし、「政治に参加することによって自由を創設することが、人間としての尊い活動である」という「参加する民主主義」を考えていた。『政治の理想について』（幸福の科学出版刊）参照。

思想的には
まだ完全には煮詰《につ》まっていなくて、
不十分なところがある。

そう考えると、思想的には、まだ完全には煮詰《につ》まっていなくて、不十分なところがあるかもしれません。また、他のものとも代替《だいたい》できる思想はそうとうあると感じています。

幸福の科学の活動に応用できるような考えを引き出したい

大川隆法　さて、こうしたことは、当会の活動で言うと、支部での「人生相談」あたりが当てはまるでしょう。ただ、支部長たちは、この「人生相談」のところが十分にはできていないのではないかという気はします。

一方、総裁としては、教団が大きくなっているので、個人相談的な話はあまりできません。やはり、多くの人に共通するような概論《がいろん》か、あるいは理論的な枠組《わくぐ》みでの話をすることが増えているわけです。したがって、「支部長のレベルに下ろして、その信者の相談に乗れるか」といっても、そうはできないところがあるのですが、そのへんが、実は支部に人が十分には来ていない原因になっているのではないかという

当会の活動で言うと、
支部での「人生相談」あたりが
当てはまる。

感じがします。

もちろん、心理学者というか、分析医の場合は、個人分析が中心なので、そういう部分で効果的なことを言うことができれば、人が集まってくるのかもしれません。しかし、当会の場合、教えとして〝兵線〟が伸《の》びすぎているというか、教団が大きくなって「縦のライン」が長くなっている分、やや無理になっているようには思うのです。

そういう意味で、今日は、アドラーの理論そのものを解明することが仕事ではないので、今、述べたようなことも含め、当方サイドとして、何か、「人生相談、個人相談にも応用できるような部分」の考えを引き出すことができればありがたいとは考えています。

さて、本日の質問者としては、人間学全般《ぜんぱん》に精通している方と、今、HSU（ハッピー・サイエンス・ユニバーシティ）で心理学を教えている方に加えて、宗務《しゅうむ》本部にいて、なぜかドラマ「嫌われる勇気」を全部観たという方が参加しています

（笑）（会場笑）。もちろん、暇《ひま》なわけではありません。ドラマ等の録画を頼《たの》んでいる関係で、頑張《がんば》ったのではないかと思いますが、そういう方をお呼びして話をしようと思っています。

前置きはこのくらいにしますが、概論は分かりますでしょうか。それでは、よろしくお願いします。

心理学者アルフレッド・アドラーさんの霊を呼んで、幸福の科学総合本部において、そのお考えを明らかにしたいと思います。現代に生きる人々に対して、何らかの福音《ふくいん》になる教えを頂ければ幸いかと存じます。

アルフレッド・アドラー教授よ。

どうか、幸福の科学総合本部に降りたまいて、われらの質問にお答えください。

よろしくお願いいたします。

（約十秒間の沈黙《ちんもく》）

アルフレッド・アドラー（1870～1937）

オーストリア出身の精神科医。ウィーンで診療所を開業していたアドラーは、フロイトの主宰するセミナーに参加したことをきっかけに、精神分析の共同研究を始める。だが、人間の行動を幼少時のトラウマによる「原因論」で捉えるフロイトに同調できず、自由意志を重視した「目的論」を提唱。個人心理学を創始した。「劣等感」の分析で功績をあげると共に、「すべての悩みは対人関係の悩みである」として、カウンセリングにおいては、「共同体感覚」の育成や「勇気づけ」を重視した。また、世界で初めて児童相談所を開設し、子供や親、教師のカウンセリングも数多く行《おこな》った。

2　本人は「不愉快《ふゆかい》」に感じている〝アドラーブーム〟

『嫌《きら》われる勇気』について率直《そっちょく》な感想を述べるアドラー

アドラー　うん、うん。うーん……。

斎藤　アルフレッド・アドラー教授でいらっしゃいますでしょうか。

アドラー　うん？　〝嫌《きら》われ方〟を訊《き》きに来たか？

斎藤　いえ、とんでもございません。

アドラー　うん？

斎藤　それにまつわる、さまざまな奥《おく》なる考えを、ぜひ、お訊きいたしたく思います。本日はお越《こ》しいただきまして、まことにありがとうございます。

アドラー　「どうすれば本が売れなくなるか」とか、訊きたいとか？

斎藤　いや、いや、いや、いや（苦笑）。

アドラー　ハッハッハッハ（笑）。

斎藤　実は、アドラー教授は、今、日本で非常にブームになっております。

アドラー　ふうーん。

斎藤　ただ、フロイト、ユング、アドラーと、心理学の三大巨頭《きょとう》と称《しょう》されているなかで、アドラー教授は、そこまで日本では知られていなかったのですが、最近、〝再発見〟されました。

アドラー　再発見ねえ。

斎藤　はい（笑）。『嫌われる勇気』という本が出まして、その帯に「アドラーブーム！」とあるのですが、自己啓発《けいはつ》の源流ともなる方ではないだろうかということで、なんと、百八十万部ぐらい（収録当時）売れているようです。

アドラー　うーん。

斎藤　現在、多くの層に読まれており、さらには、この本を原作としたテレビドラマが、二〇一七年一月から三月まで放映され、ちょうど昨日《さくじつ》が最終回だったようです。まあ、視聴率《しちょうりつ》のほうは、いまひとつだったようで、調べてみたら、全話平均で六・五パーセントぐらいということでした。低いレベルになっておりますけれども(笑)。

アドラー　それはよかった。それはよかったね。なるべく観《み》る人が少ないほどうれしい。

斎藤　あっ、そうですか。

アドラー　うん。あんまり観てほしくなかったので。

斎藤　はあ。

その『嫌われる勇気』についてですが、名前からすると「勇気の哲学《てつがく》」にはなっているように思いますし、「嫌われる」という言葉と「勇気」という言葉の、二つがミックスされると、何か新しい雰囲気《ふんいき》もあります。

アドラー　うーん。

斎藤　ただ、「なんで嫌われるんだ?」みたいなところもありまして、なかなかアドラー教授の本来の意図《いと》が見えにくいところもあるわけです。

アドラー　うーん。

斎藤　現在、日本で再発見され、ドラマ化されたり、小説的な対話篇《へん》の本になったりしているなかで、ご自身の思想についてどのように思われているのでしょうか。そのあたりの感想を、まずお聞かせいただければと思います。

アドラー　いやあ、あまり面白《おもしろ》くないよ。

斎藤　えっ？

アドラー　あんまり面白くない。

斎藤　ご自身の哲学がですか？　心理学がですか？

アドラー　だから、テレビのドラマでかかって、全然面白くないというか、不愉快《ふゆかい》。

ADLER'S SPIRITUAL MESSAGE

テレビのドラマ
（「嫌《きら》われる勇気」）で
かかって、
全然面白《おもしろ》くないというか、
不愉快《ふゆかい》。

うん、不愉快。
こういう感じで、ベストセラー？　百八十万部か知らんけど、「よくもまあ、こんなもんをいっぱい売ったな」っていう感じかな。ああ。

斎藤　はあー。

アドラー　全然面白くない。不愉快。

斎藤　不愉快ですか。

アドラー　不愉快。不快感を感じている、個人的には。

斎藤　個人的には。

アドラー　うん、うん。

「ここまで誤解させたら地獄《じごく》行き」と憤《いきどお》るアドラー

斎藤　「不愉快」というのは、具体的にはどんなことなんでしょうか。

アドラー　だから、分かってないんじゃないの？　なんか。

斎藤　あっ、「自分の本来意図しているものと違《ちが》う」ということですか。

アドラー　うーん、要するにさ、「好かれるための何とか」っていうのは、いくらでも、みんな、求めてるじゃない。あんたがたも、そんなの出しとるだろうけどさ、人に好かれるためのを。

これがノーマルな攻《せ》め方だよな。

斎藤　はい。

アドラー　それを、「嫌われても、うまく生きていける方法がある」みたいに言うと、〝隙間《すきま》〟を突《つ》いてやってる感じがするわなあ。

ただ、そういうつもりはない。まったくないので。

何と言うかなあ。これを、「自分を変える必要はない」というふうに捉《とら》えてるんだったらね？　つまり、この『嫌われる勇気』ってのが、「（嫌われても）自分を変える必要がないんだ」というふうにだけ捉えてるなら、それは明らかに間違ってる捉え方だから。

斎藤　はああ。

アドラー　まあ、フロイト的な、「幼少時に全部決まる」というような言い方は、私は取ってませんけどね。それに、仏教的な、「過去世《かこぜ》のあれ（カルマ）で全部決まる」みたいな捉え方もしてはいないですけどねえ。まあ、〝古い人〟ほど、そういう傾向《けいこう》は強いけど。

ただ、これは、取り方を間違えたら、『嫌われる勇気』を持って窓から飛び降りなきゃいけなくなるようなことは、いっぱい出てくる可能性があるので、ちょっと気をつけないといけないよ。

これで元気づいた人は、組織から次々と駆逐《くちく》される恐《おそ》れはあるんじゃないかな。

斎藤　本当は、「自分を変える」ということを教えていたにもかかわらず、『嫌われる勇気』のほうは、タイトルのイメージからすると、「自分を変えずに、自分のことを押《お》し込《こ》んでいけば、嫌われてもそれでいい」みたいなふうに、単純に捉えられる可能性もあるように思います。

アドラー　うん。そういうふうに取れるし、役者もそんなふうに演技してたようにも見えるわなあ。

だから、（ドラマのほうは）「嫌われ者《もん》」みたいな動き方をして、それが結果的には、「よくできる刑事《けいじ》」みたいな感じになって、という。それなら、〝ただの刑事もの〟じゃない？　「変な刑事が出てきて、できないと思ったら、実はできる」みたいな、それだけのことだから。あれは、脚本家等《きゃくほんか》の構想が、そのへんなのかもしらんけども。

これは、「嫌われる勇気」じゃなくて、「売れるタイトルを付ける勇気」とか、まあ、そんなところかなあ。

斎藤　（笑）つまり、あれですか。アドラー教授の本当のお考えは、端的《たんてき》に言うと、

「もう少し違う」ということですよね。

アドラー　違うね。うん、違う。

斎藤　どんな違いがあるんですか。

アドラー　こんなもん書いた人、もう、みんな地獄《じごく》行きよ。ここまで誤解させせたら。

斎藤　（苦笑）これは、百八十万部も売れて、「けっこういい」とか、「けっこう名著だ」みたいな声も、一部あるんですけど。

アドラー　いやあ、そんなことはないよ。ここまで誤解させせたら地獄行きよ。

斎藤　ああ、そうですか（苦笑）。

アドラー　だから、ソクラテスの思想について、ソクラテスと同時代を生きたプラトンが、まったく反対のことを書いたようなもんに近いわなあ。

斎藤　これは、全日本的に見て、ものすごい衝撃《しょうげき》のあるお言葉なんですけれども。

アドラー　それは、〝出版社丸ごと〟堕《お》ちてもらわないかんなあ。

斎藤　でも、ダイヤモンド社は、非常にしっかりした会社なんですけれどもね。

アドラー　こんなもんで飯《めし》を食っとったら許さんで。やっぱり、もうちょっと厳密に、学問的に勉強せんといかんのじゃないかなあ。

斎藤　ああ、アドラー先生の思想に対する考えが、全然違うということですね？

アドラー　まあ、翻訳《ほんやく》ものが売れないからね、しかたがないんだとは思うけど。君たちの思想だって、こんなふうに翻訳しようとしたら、簡単にできるよ。（斎藤と北館を指して）君ら二人で対話して、「大川隆法の思想はこうだ」っていう本を出して、うーん、例えば、『嫌われる宗教』とかの本を出して。

斎藤　（苦笑）『嫌われる宗教』なんて、あんまり言葉に出さないでください。ここは公開の場なので……。

アドラー　それを百八十万部売ってごらんよ。百八十万部売ったら、君たちは地獄行きだよ。な？　だろ？

斎藤　はい。

「アドラーの学説」と離《はな》れていたドラマの主人公の役柄《やくがら》

斎藤　（上村に）ドラマは、どのような感じでしたか？　ここに、ドラマを全部観られた方がいますので、〝証言〟として、感想を述べていただきます。

アドラー　ヘッ（笑）。六パーセントのなかに入っとるな。

上村　はい（苦笑）。ドラマを拝見させていただきました。私は、アドラー先生の思想というか、学説について、事前に本をいろいろ読ませていただいて、非常に勉強になりまして……。

アドラー　熱心だなあ。

上村　はい（笑）。それで……。

アドラー　暇《ひま》なんだな。

上村　いや、いや、いや（苦笑）。現に、アドラー先生のお考えのなかに、自分を変えるきっかけがありましたので。

アドラー　はあ、はあ。

上村　それで、ドラマを観ていたんですけれども。
ただ、ドラマが始まると、おそらく弟子筋《でしすじ》に当たると思いますが、日本アドラー心理学会から、「あのドラマは間違っている」というような批判があったそうです。その根本《こんぽん》にあるいちばんのところは何かと言いますと、やはり、あの主人公だと思います。

主人公が、嫌われてもいいような素振《そぶ》りをして、チームワークを乱しているにもかかわらず、それを「ナチュラルボーンアドラーだ」という感じでほめ称《たた》えていたのです。

アドラー　それはなあ、「共同体感覚」と関係ないじゃん、なあ?

上村　はい。まさに、そこかな、と。

アドラー　まったく違うじゃない。なあ?

●**共同体感覚**　アドラー心理学の重要な概念の一つで、共同体に対する所属感、共感、信頼感、貢献感の総称。他者への信頼、他者への貢献を通じて、共同体への所属感を得るとされる。

上村　はい。

アドラー　要するに、「一匹《ぴき》狼《おおかみ》の刑事《デカ》が、犯人を当てる」とか、その程度のもんじゃないですか。

斎藤　刑事《けいじ》の名は、庵堂蘭子《あんどうらんこ》ですね。

上村　そうですね。

アドラー　何となく、〝変な名前〟ではあるなあ。アン、アッド、アッドラー……、関係してるのかな。アンドー……。

斎藤　「庵堂蘭子」ですから、「アンドゥランー」、「アンドラー」みたいな感じで

（苦笑）。

アドラー　アンドラーだな？　これ。

斎藤　おそらく、そのようにかけてますね。

アドラー　（舌打ち）嫌《いや》な名前を付けたなあ。

斎藤　ええ、単純な考えだと思いますけれども。

アドラー　そんなのよりは、まだ、「白あん」とか「黒あん」とかのほうが、私はいいな。チッ（舌打ち）。

上村　それで、共同体感覚がアドラー先生の思想の核《かく》にあると思うんですけれども、生前、先生は、「共同体感覚を構築するためには、人の幸せのために行動しなさい」というように説かれていたと思います。

アドラー　まあ、ちょっと嘘《うそ》はあるかな。うーん。宗教みたいだね。

上村　（笑）そうですかね……。

アドラー　若干《じゃっかん》、宗教っぽいね。

斎藤　（上村に）つまり、印象としては、「ドラマの内容と学説とは、全然違う」ということですか。

上村　そうですね。

アドラー　だから、まあ、俳優が宗教っぽいかどうか見たらいい。宗教っぽくなかったら、違うんだろうな。

（アドラー心理学には）宗教っぽいところがあるわなあ、確かにな。

アドラーブームの背景には「ポピュリズム批判」がある

斎藤　ここで、学説的な観点から、今、ＨＳＵで心理学を教えている者に……。

アドラー　（北舘を指して）あっ、あんたも地獄に堕ちる一人なんじゃないのか？嘘を教えて。大丈夫《だいじょうぶ》か？

斎藤　（北舘に）ぜひ、冷静な、分析《ぶんせき》的な目で、質問をどうぞ。

北舘　アドラー先生、今日はありがとうございます。ハッピー・サイエンス・ユニバーシティで心理学の授業を持たせていただいている北舘と申します。

アドラー　生徒が減らないように、まあ、頑張《がんば》ってやりたまえ。

北舘　はい。ありがとうございます。

アドラー先生が活躍《かつやく》されていたのは、二つの大戦の間で、人々の心が悲しみや荒《こう》廃《はい》のなかに置かれていました。また、宗教の力が非常に弱まっていた時代でもあったと思うんです。

そこで、この本（『嫌《きら》われる勇気』）については、「タイトルだけだ」と言われましたが、当時、アドラー先生が伝えたかったのは、どういうことだったのでしょうか。

●二つの大戦の間で……　1914年に勃発した「第一次大戦」の際、従軍医師となったアドラーは、そのときの体験から共同体感覚の重要性を見いだし、独自の心理学を構築。欧米で診療や講演を行い、国際的に高い評価を得た。1935年、ファシストの勢力が増すオーストリアを離れ、米国へ移住。「第二次大戦」が始まる2年前の1937年に亡くなった。

アドラー　うーん。

北舘　私は、「『嫌われる勇気』には、一歩間違うと、人を孤立《こりつ》主義に陥《おちい》らせるものが入っていたり、宗教を否定する文脈が入っていたりする。かなり危険なものが織《お》り交《ま》ぜられているな」と感じてはいました。

「たいへん厳しい時代、また、キリスト教の力も弱まっていく時代にあったアドラー先生は、本来どういう意味で、多くの人々を勇気づけたかったのか」というところをお聞きしたいと思います。よろしくお願いします。

アドラー　さすがに、人に教えてるだけあって、「二つの大戦の間で」なんていう言葉が出てきたりしておったけど。

まあ、今、このキャッチというか、この題が〝売れた理由〟を考えるとだなあ、その二つの大戦を絡《から》めて言えば、「ああいう、ナチズム、ファシズムみたいなものが出てきたときに、識者なり、教会なり、あるいは言論人なりが、『嫌われる勇気』を持たなかったために、危険なファシズムの兆候を指摘《してき》して戦えなかったために、あんな悲劇が起きたんだ」と。

今の日本の時代風景や世界の時代風景も、ちょっと似てきているように言うメディアも多いからね。そういうときに、嫌われてでもちゃんと発言して、「これはおかしい」、「安倍《あべ》首相の嘘には騙《だま》されまいて」みたいな感じが背景にはあって。

要するに、これには、「現代ポピュリズム批判」に、後ろから送風《そうふう》するような力があるというふうに捉えたのかな。そういうところがたぶんミートしてるんだけど、読んでる人は、おそらく、そこまでは分からないから。あんた（北館）の言うとおり、「嫌われてもええから、やっちゃえ」みたいな感じでね。まあ、もちろん、嫌われる意見を言っても、それが会社にとって役に立つ意見のもあるから、そういうことも、まったく無駄《むだ》だとは思わんが。

まあ、人は安易に取りやすいからねえ。全部、嫌われるようにばかり言ったり、行動したりする人もいるかもしれない。「嫌われるように、午後から出勤する」とか、「嫌われるように、自由人として振る舞《ま》う」とか、そんなことばっかりするかもしれないから。

たぶん、時代背景としては、アメリカからヨーロッパの政治状況《じょうきょう》を見て、「ポピュリズムの台頭《たいとう》から、あるいは、独裁者が出てくるんじゃないか」みたいな感じのを心配してる向きが、マスコミの底辺にはかなり流れておるからさ。そういう、「嫌われてもいいから、自分の主張とか、学説とか、主義とか、信条とかを言う人が出てきたらいい」というニーズがあるところにうまく入ってるんだけど、読む人は、実は、そういうふうには思ってないっていうか、そういうようには捉えずに、「自分自身が、このとおりやったら幸福になれるのかな？」というふうに取ろうとしてるっていう。

このへんのギャップだよな。うーん。そこなんじゃないかな。分かる？

ADLER'S SPIRITUAL MESSAGE

これには、

「現代ポピュリズム批判」に、

後ろから送風《そうふう》するような

力があるというふうに

捉《とら》えたのかな。

3 「嫌《きら》われる勇気」だけでは、本当は何も解決しない

「フロイト自身が精神分析《ぶんせき》を受けるべき人だった」

斎藤　今、原点として、「時代背景」のお話がありましたが、もう一つの原点に、「人との出会い」のところがあると思います。

当時、アドラー教授は、フロイト教授、ユング教授と一緒《いっしょ》に共同研究をされていました。

アドラー　うん。

斎藤　しかし、フロイト博士の、「幼少時の性欲とコンプレックスの体験等で人生

が規定《きてい》されてしまう」というような説に対して、「それは違《ちが》う」と思われて独立されたのだと思います。なぜ、フロイト博士と思想的に激突《げきとつ》したのでしょうか。

アドラー　いやあ、フロイトはさあ、いや、フロイト先生はさあ。

斎藤　（笑）ええ、本音で大丈夫《だいじょうぶ》です。

アドラー　マザコンなんだよ、ただの。

斎藤　フロイトは、ただのマザコン？

アドラー　〝ただのマザコン〟なんだよ。お母様の影響《えいきょう》が強すぎてね、それから抜《ぬ》け出せないで困っておって。まあ、それを正当化して、学説にしていったっていうことだよな。

たぶん、お母様は、憧《あこが》れるような女性ではあったんでしょうねえ。外見も頭もよくてねえ。だから、「お母様の言うことをきいとれば、何も間違いはない」みたいな感じで。

自分が父親と「母を取る争い」を……、まあ、男の子には起きるけどね、現実にはね。「母親を独占《どくせん》したい気持ちは出てくる。だけど、父親のものでもある」みたいなところでの、この競争する加減で、だんだん成長していく。その上で、自分もまた別に恋人《こいびと》を探して自立していくっていうのが、一般《いっぱん》の流れだけども。

母の意識が強すぎると、神のご託宣《たくせん》のごとく、全部教えをきいちゃうからね。娘《むすめ》なんかはそちらのほうがわりに多いんだけど、息子《むすこ》のほうで、そこまで、何て言うかなあ、「母の教えに洗脳されてしまった」っていう感じはあるわなあ。

まあ、(フロイトは)ちょっと異常性格の人だから、それが一般化するってのにはちょっと問題はあって、彼自身が精神分析《ぶんせき》を受けるべき人だったんじゃないかなあ。

そういうふうに、私やユングは思ったわけだな。ハハッ（笑）。

「劣等感《れっとう》」と「共同体感覚」について答える

北館　今、親子関係のところがお話に出たんですけれども、生前の学説のなかでも、きょうだいの生まれた順番、家族の配置によって、人格形成に非常に影響が出たり……。

アドラー　それはあるよな。

北館　それが、「劣等感《れっとう》の問題」につながってくるといったことを研究されていたと思うんですけれども。

アドラー　うん、うん、うん。

北舘　「劣等感の克服《こくふく》」について、アドラー先生が今、お考えになっているところを教えてください。また、現代の人々に対して、何かメッセージを頂けたら幸いです。

アドラー　だからね、「他人《ひと》との比較《ひかく》で打ち勝たないかぎり幸福になれない」っていう思想を持ってるかぎりは、世の中は、全体的には、幸福にはなかなかなっていかないだろうと思うんだよ。

現実の世界は、確かに、「競争社会」であることは事実だけどね。だけど、「自分より優《すぐ》れている者とか、認められた者とか、事業に成功した者とか、金儲《かねもう》けをした者とかを打ち倒《たお》して上にならなきゃ幸福になれない」っていうと、それは、どうしたって負けた人の数が増えてくるから、世界は〝暗黒〟にしか見えないだろうな。

ADLER'S SPIRITUAL MESSAGE

「他人《ひと》との比較《ひかく》で
打ち勝たないかぎり
幸福になれない」っていう
思想を持ってるかぎりは、
世の中は、全体的には、
幸福にはなかなか
なっていかない。

で、その声が多数になってくれば、「政府転覆《てんぷく》」や「戦争」や、そんなものに必ずつながっていくものになるだろうなあ。

そういうことよりも、やっぱり自分が、何と言うか、まあ、この言い方は、左翼《さよく》にも右翼にも、どっちにでも行く考え方ではあるんだけどね。

「共同体感覚」って言ってるけど、会社でもいいし、自分が所属してるサークルでもいいし、国家でもいいし。まあ、国家のほうに行くと右翼っぽくなる。あるいは、自分たちの生活を守るような運動とか、ボランティア運動とか、宗教的救済活動とかのほうに「共同体感覚」を見いだした人は、やや左翼的に映る動きもするかもしれないから、立場としては、両方ありうるんだけども。

そういうふうにして、「自分がどれだけ貢献《こうけん》できたか」ということに喜びを感じるようになれば、これは、「競争の世界」とはちょっと〝別のもの〟にはなってくるので。

ある意味で、「競争してくれても別に構わない」っていうか、「ほかの人たちが喜

ADLER'S SPIRITUAL MESSAGE

「自分がどれだけ貢献《こうけん》
できたか」ということに
喜びを感じるようになれば、
競争の世界とはちょっと
〝別のもの〟にはなってくる。

ぶことが増えるだけのこと」だからさ。「そちら（共同体感覚）のほうに、なるべく舵《かじ》を切っていったほうがいいのかなあ」とは思うんだけどね。まあ、そう簡単に分かることではないけど。

ただ、この考え自体はアメリカの主流ではない。ときどき、現代でも出てくるけどね。そういう考えがときどき出てくるけど、たまにだね。たまに出てくるよね。あんたがたは、そういうのをかなり強く言っているようではあるけど、まだまだ世界の主流は、個人心理学的に言えば（笑）、「他人と競争して打ち勝つ方法を教えてくれると、それがベストセラーになる」っていうのが普通《ふつう》だわな。うーん。

「嫌《きら》われる勇気」で大統領にも、その反対にもなれる

斎藤　でも、現代は、ものすごい競争社会の面もありますので、みな、しのぎを削《けず》っていて、「他人を蹴落《けお》としてでも上がれ。勝者となれ」とか、「生き馬の目を抜くような激しい世界なんだ」とかいう感じの考え方を持っている人も、多数いらっし

ゃいます。

アドラー　うーん。

斎藤　先ほど、「共同体のなかでの貢献度を上げていく」という考え方をおっしゃいましたが、もし、困っている人が目の前にいたときに……。例えば、非常に激しい競争により、心がトゲトゲして、生きる希望も失ったような人が目の前にポンと座《すわ》って、「アドラー先生、どうしましょう?」と質問してきたときに、アドラー先生なら、どのように診察《しんさつ》なされるのでしょうか。

アドラー　うーん。〝診察料〟を払《はら》ってくれるんかなあ?

斎藤　(苦笑)アドラー先生は、もう霊《れい》の世界にいらっしゃいますから。

アドラー　ああ。そうですか。

斎藤　真心《まごころ》、感謝の想念を捧《ささ》げます。

アドラー　うーん。まあ……、「困った人」ったって、それは、いろいろだからなあ。だから、ちょっと元に戻《もど》るが、「嫌われる勇気」だけでは、ほんとは何も解決していないんだよ。

例えば、アメリカのドナルド・トランプみたいな人だって、「嫌われる勇気」で成功して、大統領になったとも見えるし。

斎藤　はい、はい。

アドラー　トランプに反対して、いまだにデモをしている人や、ハリウッドの女優さんとかも、一生懸命《いっしょうけんめい》、反発表明したりしてる。まあ、これも「嫌われる勇気」だろうなあ。

だから、「嫌われる勇気」で大統領にもなれるし、大統領の反対にもなれる。どっちでもなれる。これは、結局、何も意味していない（笑）。これだけではな、ほんとはな。

それで、何？　困った人は、あんたか？

斎藤　いや、ですから、「共同体に貢献していく」ということについては、アドラー先生は、死後、どのように思われているのかなと思いまして……。

アドラー　ああ、なるほど。だから、あんたみたいな人が重役でずっと座ってても、下はずっと我慢《がまん》してるわけでしょ？

斎藤　（苦笑）

アドラー　やっぱり、共同体感覚を持って、「共同体に貢献しなきゃいかん」と思ってね。

あんたは「嫌われる勇気」を持って生きてるし、下も「嫌われない努力」をしつつ生きている。これは、まあ、共同体ではあるけどね。

斎藤　質問を誤りました。すみません（苦笑）（会場笑）。

アドラー　ああ、うーん。

4　自分の生き方は、選び取っていける

「過去が、全部、人生を決定づける」と考えてもしかたがない

斎藤　では、角度を変えて、隣《となり》の者から質問させてもらいます。（北館に）どうぞ。

北館　はい。今、「診察《しんさつ》」や「人生相談」のお話が出ていたのですが、アドラー先生のいらっしゃったヨーロッパやアメリカは、キリスト教を信じる人が多い地域です。つまり、そこには、「人間・罪の子」の思想が非常に強いという文化的な背景があったと思うんです。

アドラー　うん。

北舘　その意味で、アドラー先生は、「勇気づけ」ということを、たくさんの面談の実践《じっせん》を通して実際になされていたと思うんですけれども、そのときに心掛《こころが》け、大切にされていた、勇気づけの核《かく》になるようなものを教えていただけたら幸いです。

アドラー　うーん……、まあ、あんまりマクロ的なところまでは力が及《およ》ばないんでね。「国家をどうする」とか、「政治をどうする」「経済をどうする」というところまでは、どうしても力が及ばないので。やっぱり、個人救済のところに、基本的な焦点《しょうてん》は当たるわけだけどね。

まあ、人は、考え方によって救える面はかなりあるからね。私たちは、「物資を配って救う」とか、「国の公定歩合《ぶあい》をいじれば豊かになる」とか、あるいは、トランプさん的に、「失業者を減らすために、米国に産業を呼び戻《もど》す」とか、そんなことは立場的にできないからさ。そういうことはできないので。

ただ、「無為《むい》自然で耐《た》えよ」と言えば、「老荘《ろうそう》思想」になるからね。老荘思想だけでは、やっぱり足りないから、現代的には、もうちょっと行かなきゃいけない。

だから、もうちょっと心の動きを積極的にしてだねえ、そして、〝心のベクトル〟を変えることによって、「現在」から「未来」に向けての生き方を、自分なりに構築していくっていうか、建設していくことはできるだろう、と。

過去のことはしょうがないじゃない。例えば、ユダヤ人で、ヒットラーに迫害《はくがい》されて生き延びた人だって、アメリカにたくさん来てるけどさ。それ自体は、もう消せないもんね。ユダヤ人で、集団的に迫害された「民族のトラウマ」みたいなのは、これはもう消せないから。それについては、言ってもしょうがないじゃない。

だから、アメリカに帰化したなら帰化したで、「そのなかで、自分自身は、今後どうすれば生きていけるか」ということを、まず考えるべきで、あまり、「そういう古いことが、全部、影響《えいきょう》した」みたいなことを言ったところでしかたがないじゃない。

ADLER'S SPIRITUAL MESSAGE

〝心のベクトル〟を

変えることによって、

「現在」から「未来」に

向けての生き方を、

自分なりに構築していく。

会う人ごとに、「実は、あるときに、ヒットラーがSS（親衛隊）を派遣《はけん》して、家《うち》に踏《ふ》み込《こ》んできたために、両親や爺婆《じじばば》が殺された。そして、逃《に》げるようにせかしてきたために財産がなくなって、こんなに苦労した」みたいなことを何回も言ったところで、どうにもならないものはならないからね。

やっぱり、「それが、全部、自分の人生を決定づける」と考えるのは問題だろうと思うんだよ。

愛を奪《うば》うのではなく、「共同体への貢献度《こうけん》」で幸福感を測る

アドラー　まあ、精神分析的《ぶんせき》には、韓国《かんこく》とかも同じだよね。いつまでも、今も従軍《じゅうぐん》慰安婦《いあんふ》像をつくって、「謝罪しろ」とばかり言ってくる。これは、もう民族的には、「過去を生きている」としか思えないので、幸福になりたいのかなあ、と。

本当に幸福になりたいんだったら、まあ……。そうやって強く言えば言うほど、そして、言ったことが効果的であればあるほど、自分らは〝不幸の罠《わな》〟から逃げら

れなくなることなんだけど。それは、もうそろそろ記憶《きおく》もない時代、あるいは、生きてもいない時代のご先祖たちがなされたことを延々と言い続けているというか、例えば、ユダヤ人ならユダヤ人が、エジプトの奴隷《どれい》だった時代のことを延々と言い続けているようなもんだよ。でも、神の教えで新生して、ユダヤ民族として出発したんであろうから、積極的に考えないといかんわなあ。

だから、韓国を見ても駄目《だめ》だし、北朝鮮《きたちょうせん》を見てもそういうところがあるし、中国を見ても似たようなところはあるわなあ。日本にも一部、そういうところはある。

いや、「過去は無駄に評価するな」とか、「判断するな」とか、「歴史に学ぶな」とか言ってるわけではないよ。

ただ、そういうのが普通《ふつう》に出てきやすいあれなので、やっぱり、「そういうことをちょっと脇《わき》に置いて、『自分の持っている資産なり才能なり、努力の範囲《はんい》内で何ができるか』と考える人こそが、今、現代においては、勝利していける可能性があるんだ」という考えだよ。だから、君らの考えと、ある程度は似てるだろう、おそらくはな。

斎藤　似ています。

アドラー　私は、「過去世《かこぜ》からの因果《いんが》」みたいなことまでは言わない。そんなことは言わない。言ったって無駄だから。それについては、科学的なあれは何もできないので、学者としては言えない。

ただ、私は「科学」のつもりだが、「アドラーの心理学は科学ではない」とおっしゃる人もいるので、それについては、ちょっと何とも言えないけどね。

まあ、そういうことだよ、言いたいのは。

斎藤　うーん。

アドラー　そういう人は、たくさんいるだろう？　「昔のあれが問題で、こうなった、ああなった」って。

斎藤　過去に縛《しば》られて、とらわれながら……。

アドラー　ねえ。やっぱり、それは早く忘れて、新しい人生を生きた人が勝ちなんだよ。「十五年前に離婚《りこん》したことが原因で、自分は不幸だ」とかさ、「生まれた子供が三歳《さい》で死んだことが、自分の不幸を決定づけた」とかね。こんなようなことを、ずーっと……、まあ、そのとき、そう思ってもいいけど、十年後も二十年後も引きずってたら、それは、「人間として持ち時間を無駄にしている」と言わざるをえないなとは思うんだよね。

あるいは、受験ママもいると思うけど、「受験ママにいじめられたり、受験パパにいじめられたりして、自分の性格が歪《ゆが》んだ」とか、「試験に落ちて、あとは、家族からのけ者にされた」とかいう考えもあろうけれども。

いや、それをずーっと言ってても……、だから、死ぬまで言えるけど、それであなたが幸福になるわけでなく、親が死んだあと、それで救われるわけでもないんであってね。

やっぱり、自分の持ってるなかで、今やれることを考えていくべきだし、そのなかで、できるだけ、人から愛を奪《うば》うよりは与《あた》えるほうを選んで、「どれだけ、共同体や世の中に貢献《こうけん》できたか」という貢献度で自分の幸福感を測るようにすれば、人との関係は実にうまくいくようになるんだと。

まあ、そういうことなんだよなあ。

斎藤　これで、確かに、先ほどの質問の答えを頂きました。

アドラー　そうかい、そうかい。

ADLER'S SPIRITUAL MESSAGE

貢献度《こうけん》で

自分の幸福感を

測るようにすれば、

人との関係は

実にうまくいくようになる。

斎藤　はい。

アドラー　なら、いいわ。

「『ポジティブ心理学』に近いが、私はそこまで言わない」

斎藤　あと一つ、教えてください。今、「過去にとらわれない」というか、「縛られない」というお話がありましたが、何か、「現在を輝《かがや》かせていきなさい」ということを言われているような感じも受けました。

アドラー　うーん。

斎藤　アドラー先生は、そうした「現在を生きていく指針」のようなものを、何かお持ちなのでしょうか。

アドラー　うーん……。

斎藤　お話をお聞きしていると、ポジティブなイメージが湧《わ》いてきて、元気が出てきました。

アドラー　ああ、そうだ。（私の霊界《れいかい》での）仲間はそうなんです。そういう人が多いんです。

だから、「ポジティブ心理学」にも近いんだけど、まあ、「そこまで責任を取ってない」っていうところが、多少あって（笑）。そうした「ポジティブ心理学」のほうの人たちは、やや教条主義的というか、教祖的なあれが強いよね。だから、「これさえやれば、みんな、幸福になるところに行ける」と。だけど、そこまで言わな

ADLER'S SPIRITUAL MESSAGE

「ポジティブ心理学」

のほうの人たちは、

やや教条主義的

というか、

教祖的なあれが強い。

いところが学者の……。

斎藤　ポジティブ心理学の人たちは、教祖的に「こうなるよ」と断言するわけですね？

アドラー　うーん。（私には）何か、もうちょっと〝評論家的〟な、〝中間を取る〟ところがあるので、そんな強さはないかなあ。

「過去は、現在から未来の生き方を説明することにはならない」

北舘　アドラー先生の教えは、アメリカにおいても日本においても、心理学にとどまらず、教育やビジネスの世界において成功哲学《てつがく》の一つの柱になるようなかたちで、いまだに強い影響力を持って広がっています。

アドラー　うん。うん。

北舘　今のお話では、ポジティブなところから始まっていましたが、「その教えの核になるものとして発信されていたもの、大切にされていたもの」というのは何だったのでしょうか。

アドラー　さっき、あなたが言ったように、二十世紀というのは二大大戦があった時代で、人類が「自分たちの叡智《えいち》だ」と思っていたものにより、今までにない大量殺戮《さつりく》を行《おこな》った時代ではあるし、地球自体を滅《ほろ》ぼすこともできるようになった時代ではあるわなあ。

だから、そういう〝罪の意識〟の心理学を強化したら、おそらく、そうとう人類を呪縛《じゅばく》することは可能だろうとは思うわなあ。要は、「ヒロシマ・ナガサキ」的なものでもね、「それが原因で、日本は駄目になった」と言えるし、それが原因で、孤立《こりつ》主義に陥《おちい》ることだって、外国が嫌《きら》いになることだって可能だとは思うけど。

例えば、「日本人の英語力が低いのは、広島・長崎《ながさき》の原爆《げんばく》のせいだ。これで外国人嫌いが始まった。特にアングロサクソンが大嫌いになったので、いくら英語を勉強してもできるようにならない」みたいに（笑）、例えば持っていこうとすれば、持っていけないわけではないわなあ。

まあ、そういうふうになるけど……。うーん……。もちろん、「影響がない」とは言わんし、そういうものは、ある程度は反省してもいいんだけども、私は、やっぱり、「考えを固めて、ポイッと捨てていって、前に進んでいかないといけない」という考えなんだよな。

斎藤　ポイッと捨ててしまうんですね？

アドラー　うん。

考えてもいいよ。例えば、「自分の父親が早く死んだ」とか、「母に遺伝性の○○があった」とか、「先祖が不幸な目に遭《あ》った」とか、「原爆が落ちた」とか、あるいは、「従軍慰安婦にされたおばあちゃんがいた」とかね。

まあ、それを理由にすることはいいけども、「それは、現在ただいまから未来のあなたの生き方を説明することにはならない」っていうことだよ。やっぱり、「もうちょっと決断しないと幸福になれないよ」っていうことを言っておきたいんだね。だけど、診察を受けに来る人たちは、必ず、そういう原因を訊《き》きに来るわけだよ。

斎藤　ああ……。

アドラー　「これが原因じゃないですか」「あれが原因じゃないですか」と。

斎藤　なるほど。

アドラー　何か言ったら、「いや、そのとおりです。それが原因です」と。

例えば、「あなたのおばあちゃんは、日本軍にトラックに乗せられて、従軍慰安婦として連れて行かれた。これが一家の呪《のろ》いのもとなんです」みたいなことを言ったら、韓国だと、ほとんど、それで通用しちゃうんだよな。

だけど、それでは、実際は、現在の政権の下《もと》でうまくいっていないことの説明なんかできやしない。それは、政権のほうが政治の不満をそらすためにやっているだけのことなのに、個人の問題が、それで解決したような気になっちゃうみたいで、騙《だま》されていくからね。

まあ、私はよく分からないんだけど、歴史のなかではそういう大きな力が働いてくるし、そしたら、個人ではいかんともしがたいものはあるから、どうしようもないけども。ただ、たとえ、大恐慌《だいきょうこう》が来たり、独裁者が登場したり、いろんな時代があったとしても、やっぱり、そのなかで、「自分の生き方」というのは選び取っていけるんだと思ったほうがいい。

「運命」や「カルマ」を過大評価しすぎてはいけない

アドラー　「運命」というのはあるかもしれないし、「運命の人」もあるかもしれない。あるいは、仏教的に言えば、「カルマ」というものがあるのかもしれない。しかし、そういうものにとらわれすぎたら、結局、翻弄《ほんろう》されることになりますよ、と。

だから、結婚してうまくいかない場合、「これは、自分の運命の人じゃなかったからなんだ。別なところから運命の人を引っ張ってくれば、幸福になれるんだ」というような考え方はあろうと思うけど、現実はそうじゃないと思う。現実は、生きて一緒《いっしょ》に生活しているなかで、つまずきが生じてるはずなんですよね。

例えば、「会話がうまくいっていない」とか、「趣味《しゅみ》・嗜好《しこう》が違《ちが》う」とか、「考え方、あるいは信仰《しんこう》が違う」とか、実は、何か現実的に不満があって、うまくいっていないものを、「運命の人でなかったから」みたいな考えでやって、家族が崩壊《ほうかい》するようなケースも多いと思う。

だけど、そういう考え方は小さくして、もうちょっと、「自分たちは、共にダンスの相手だ」と思えば、それは、踊《おど》り方が揃《そろ》わなかったら、うまくは舞《ま》えないだろうよ。ダンスはできないでしょう。

だから、「それを練習して、うまく踊れるようにするのが夫婦《ふうふ》の生き方なんじゃないの？　何が〝不揃《ふぞろ》い〟なのか、そこをよく見て、音楽に合わせて踊る練習をしなきゃいけないんじゃないの？　そちらのほうに目を向けなさい」ということかな。

その前のところじゃなくて。

斎藤　はあ……。「もともと、ピッタリ合うようなダンスの相手がいて、ダンスも自動的にうまくいく」という考えではなくて……。

アドラー　うん。それは駄目なんだよ、そういう決定論者はねえ。

まあ、現実には、「影響がない」とは言わないよ。やっぱり、あるよ。そらあ、広島に原爆が落ちて、十万人も死んだら、その子孫《しそん》に影響がないわけがないよ。現実にはありますよ。

ただねえ、それを、さらに過大評価して波及《はきゅう》させる必要はないんじゃないの、と。

斎藤　うーん。

アドラー　広島に原爆が落ちたことは、例えば、あなたが音楽教師としてやって、うまくないことの理由にはならないし、あなたが二度と絵筆を取れないことの理由にもならないわけだよ。それは、「自分の考え方の問題」ではあるわけだねえ。

まあ、そういうことが言いたいんだけどなあ。

斎藤　ああ……。

アドラー　（北舘に）だから、あなたの授業が下手《へた》なことは、大川隆法の教えが悪いことの証明にはならない。

斎藤　（北舘に）ここは、ひとつ耐え忍《しの》んで（苦笑）。

北舘　いや、いや。ありがとうございます。

5 「ほめる教育」でもなく、「叱《しか》る教育」でもなく

「フロイト的な精神分析《ぶんせき》」の問題点とは

北舘　せっかくなので、もう一つ教えていただきたいんですけれども。

アドラー　うん。

北舘　今、「診察《しんさつ》」という言葉が出ましたが、アドラー先生は、児童相談所もおつくりになって、本当にたくさんの子供たちを勇気づけ、幸福になさっていたと思います。

また、カフェ等でも、働いている方と面談されたりというように、小さい子供か

らお年寄りまで、老若男女《ろうにゃくなんにょ》を問わず、いろいろな年代の方を実際に診察されたり、人生相談に乗られたりして、幸福にされたと思うんです。

アドラー　うん、うん、うん。

北館　そこで、幅広《はばひろ》い年代の方々に対する人生相談を成功させる秘訣《ひけつ》を教えていただけたらありがたいんですけれども。

アドラー　だから、フロイト的な精神分析《ぶんせき》だとさあ、ある意味で、もう自分がどうしようもないじゃない。だいたいねえ、目覚めて大人になってからあと、病気がたくさん出たり、精神病が出たりしたら、「幼少

スウェーデンでの講演の合間に、怪我をした少女の手に包帯を巻くアドラー。

時の父や母との関係とか、そんなもので、こんなことをして叱《しか》られたようなことが原因で、「こうなった」みたいなことを言って、「ああ、そうだったんですか」と。それで治ったという人もいるけども、うーん……、まあ、ちょっとねえ。

あるいは、「女性がいろいろな劣等《れっとう》感で悩《なや》むのは、小さいころに、『あなたにおちんちんがついていないのは、ハサミでパッチリ切られたからだ』というようなことを言われて、それで去勢コンプレックスを持ったからだ」みたいな、こういう思想は、まあ、ユニークだけどねえ（苦笑）。だけど、普遍《ふへん》的に広がってはいけないものだと思うな。

だから、できるだけ、そのねえ、「今の自分の手に及《およ》ばない世界」のことを、「今の自分の問題が解決しないことの原因」に持ってこないように。

児童に対しては、「中道《ちゅうどう》」を外さず「利他心《りたしん》」を養え

アドラー　まあ、「自己啓発《けいはつ》」という言葉もあったけども、「それぞれ、人間は、ま

だまだ啓発して変えていけるんだ」と。

もちろん、子供時代から、そうしていったほうがいいと思うんだけど、児童教育の場合、たいてい問題点が出ているのは、一つには、アメリカのやり方でもあるけど、「ほめてほめてする教育」ですよね。

「うまい、うまい」と言ってほめていくけど、実際、その子が大人になって競争の世界に入ってくると、今まで、母親がほめてくれてたり、学校の先生がほめてくれたりしたのが、ほかの世界に出たら、全然違《ちが》ってきて、「おまえは、なんて下手《へた》なんだ」みたいな感じで言われるわけですね。

例えば、近所の、個人のピアノレッスンをやっているようなところに通ったとする。そこのお姉さんは、「あなたは、なんてピアノのうまい人なんでしょう」と言って、ほめて教えることで、ずっと通わせてお金をもらい受けている。もちろん、それで、個人事業としては成功することはある。お母さんも、その子をほめて、やる気を出させ、レッスンに行かせることはできる。「あの子が、嫌《いや》がってたピアノを十年間も続けた。これはよかった。成功した」と思うことはある。

だけど、それで本気になって、「プロになろう」と思い、もっと大きな大海原《おおうなばら》に出て、競争の世界に入ったら、こんなの、たぶん、ボロボロに言われるだろう。もっと厳しい世界に行ったらね。まあ、こういうことがあるから。

やっぱり、子供を育てるときに、「中道《ちゅうどう》」を外したほめ方をしすぎるのは、本当は、自分たちの「エゴの投影《とうえい》」であるんです。親とか、個人的に教師をやっているような人たちのエゴの反映で。ほめていれば、相手が機嫌《きげん》がよくなって、「いい親だ」とか、「いい教師だ」とかいうことになるので、それをやりたがるけど、あとでツケが返ってくる。大人になってから恨《うら》まれることもありますよ、と。

あるいは、逆に、「厳しくしつけさえすれば、うまくいくんだ」といってやったら、今度は妙《みょう》なSM関係みたいなのが出てきて、「他人《ひと》に対して、ものすごく厳しくなってみたり、自分に非常に〝マゾッ気《け》〟が出たり」みたいな感じの、人格の不安定さが出てきたりもする。

だから、そのへんの、「やっていることが中道を外していないかどうか」を、よくチェックしなきゃいけないっていうことかな。

そういう感じで児童に接していって、やっぱり、「それぞれが、現在から未来に向けて、可能性を持っている存在なんだ」と思って扱《あつか》う。

なるべくなら、利他心《りたしん》を養いつつ、何らかの共同体の一員としてね、サッカーの選手や、あるいはバスケットボールの選手とか、まあ、チアダンスでもいいけれども、そういう一員として、「全体が勝てるようになるには、どうしたらいいか」みたいな感じの考え方ができるようにしていけば、だいたい、大人になったあと、崖《がけ》から突《つ》き落とされるようなことはないっていうことかね。

まあ、そういうことが言いたかったんだけどね。

ADLER'S SPIRITUAL MESSAGE

それぞれが、

現在から**未来**に向けて、

可能性を持っている

存在なんだ。

6　「劣等感《れっとう》」は自分と他人《ひと》との価値観のズレから出る

斎藤　今日の質問者は、さまざまな世代で出ましたから、（上村を指し）若い世代の方の観点から、何か訊《き》きたいことがあったら、ぜひ。

アドラー　うん、うん。

上村　そうですね。先ほど出たお話で、人のせいにしたり、過去のせいにしたりして、今の境遇《きょうぐう》を否定するといったマインドの奥《おく》には、やはり、「劣等感《れっとう》の思い」があるのではないかと思うのです。

そこで、それを乗り越《こ》え、勇気を持って一歩踏《ふ》み出していくために、まず、すべきことと、また、どういった思いを持てばいいかをお教えいただきたく思います。

アドラー　まあ、「劣等感」なんていうものも、価値判断する人の持ってる常識に基《もと》づいて言われた価値判断が、自分とズレがあることで出るわけね。

例えば、真ん中に座《すわ》ってる人（北舘）はズボンの丈《たけ》が長く、下の靴《くつ》にまで引っ掛《か》かっておって、それで、ダブルで折り返している。ね？　それから、あなた（上村）は若い。靴下がいっぱい出て、ズボンの丈がすごく短い。

これで、この人（北舘）の考え方を標準とすると、あなた（上村）は〝チンチクリンのズボン〟を穿《は》いてるわけよ。これを、「社会常識がなくて未熟だ」と、こういうふうに見るわけ。

あなた（上村）から見ると、隣《となり》の人（北舘）は、こんなに長いズボンを穿いて、靴に引っ掛かって、ダブルになってる。「これは、もう、〝じいさん〟だな」と、こう思うわけ。両者、意見が合わないわけよ。

斎藤　（笑）

アドラー　それで、片方の意見が主流をなした場合には、もう片方が劣等感を感じる関係になる。

中道《ちゅうどう》を行《い》ってるのは、こちらの重役（斎藤）で、どちらでもないあたりを行ってる。「われこそが正義なり」と、まあ、こういう考えもあるわけで。「両者とも中道を外れているからバッテン、減点だ。だから、私が上司になっているのには理由があるんだ」と、まあ、こういう考えもあるわけよ。

「劣等感」っていったって、だいたい、こんなようなものよ。もののたとえだけどね。こういうところがあるので、まあ、そういう意味で、「絶対的な比較《ひかく》はないんだ」ということだなあ。

だから、今で言えば、体格のいい人とかもいるだろうけども、うーん……。例えば、昔のスーパーマンみたいな人でも、身長百九十センチ、体重百キロぐらいの体だろう？　今度のアメリカの大統領だって、百九十センチあって、体重は百キロをゆうに超《こ》えとるだろう。スーパーマン並みの〝でかい体〟をしてるわけだからなあ。それは、すごいわなあ。

日本の歴代の首相っていうのは、まあ、最近の安倍《あべ》さんでやっと大きくなったけど、だいたい、平均百六十二センチっていうのが、日本の首相のサイズだよな。

こういうときには、合理的に説明されて、「地球の引力に最も適応しているのは身長百六十センチで、日本の首相になるには、百六十センチぐらいが、血流が上に上がるのにちょうどいいあたりなんだ。それより背が高くて、百七十センチを超えた場合は、血が頭の上まで上《のぼ》らないために、総理大臣に行くところまで行かないんだ」と。まあ、こういう議論は、十分、まかり通るわけですよね。

だから、言い方はいろいろあるけども、人間がつくる学説なり主張なりには、そうとう自分に引き寄せた偏見《へんけん》があるからね。そのへん、言うのは自由だから、それはそれで禁止はできないけども、あんまりとらわれないことが大事だな。

私は、そういう意味での「個人心理学」で、個人個人によって結論が違《ちが》うっていうか、やっぱり、処方箋《しょほうせん》は違うものだと思ってるし、「あなたにとっていい方向は、こういうことだ」ということを言いたいので。

そういう意味で、「個人診察《しんさつ》」っていう領域から逃《のが》れることができない面はあって、「全体がみんな、こうすればいい」っていうようにはいかないかなあ。

だから、身長だけで言えば、ナチスの親衛隊みたいに、巨人族《きょじん》みたいな立派な体格の人を揃《そろ》えて、「これが古代のゲルマンの勇者たちの姿」っていうか、「これはアーリア民族の証明だ。優等民族だ」みたいな感じでやってるものもあったと思うけれども、やっぱり、そんなのだけで従うわけにはいかないわなあ。うーん。

Adler's Spiritual Message

人間がつくる

学説なり主張なりには、

そうとう自分に

引き寄せた

偏見《へんけん》がある。

7　心理学の分析《ぶんせき》対象にならない人たちとは

ニーチェ哲学《てつがく》の反対側で発達していった心理学

北舘　ありがとうございます。

今、劣等《れっとう》感の話から、価値観に関する話が出ましたけれども、アドラー先生は、生前、「どういう価値観を持つかが、幸福になれるかどうかを決めていく」ということで、「ライフスタイルの大切さ」についてお話しされていました。そして、アドラー先生も、キリスト教の呪縛《じゅばく》を乗り越《こ》えて、よりよきライフスタイルを持たせるために、成功哲学《てつがく》に通じるような教えを広げていたかと思います。

ただ、先ほどから、「現代の心理学」に対して、かなりネガティブなご発言を頂いているような気もするんですけれども、アドラー先生が活躍《かつやく》されたときの心理学

●ライフスタイル　アドラー心理学の重要な概念の一つであり、人間の思考や行動の傾向のこと。アドラーは、これを、「自分をどういう人間だと思っているか（自己概念）」、「自分を取り巻く世界をどう思っているか（世界像）」、「自分についてどんな理想を持っているか（自己理想）」の三つを合わせたものとして捉えていた。

が担《にな》おうとしていたものとは何だったのか、また、今、アドラー先生から見て、現代の心理学の問題点だと思われるところがありましたら、お教えいただければと思います。

アドラー　ああ、まあ、難しい時代ではあったからねえ。

●ニーチェ哲学の「神は死んだ」で、キリスト教の弱々しさっていうかね、やっぱり、キリストの弱々しさを痛撃《つうげき》して撃《う》ち落とす哲学も出てきて。そんな隙《すき》に、偉人《いじん》崇拝《すうはい》が、ヒットラー的なものの台頭《たいとう》を許した面もあったとは思うんだけど。その「神は死んだ」的哲学の反対側で、ある意味で、心理学が発達したようなところもあるわけで、まあ、宗教が担うべきところを、別のところに、ちょっと一部移動した部分はあったのかなあと思う。

宗教も気をつけないと、利用されたら、〝大政翼賛《たいせいよくさん》

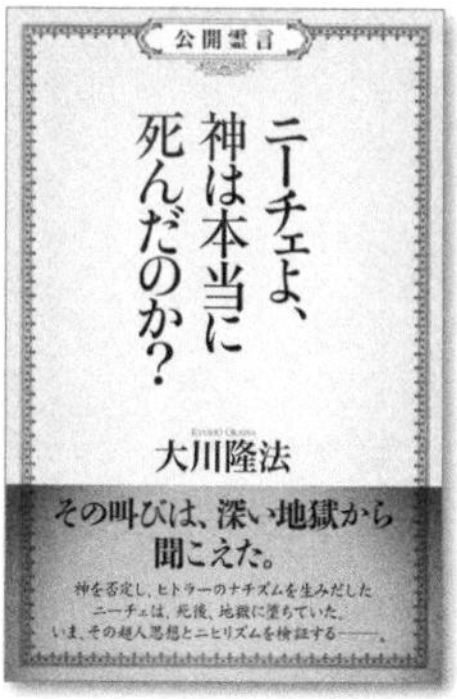
公開霊言
ニーチェよ、神は本当に死んだのか?
大川隆法
その叫びは、深い地獄から聞こえた。
神を否定し、ヒトラーのナチズムを生みだしたニーチェは、死後、地獄に堕ちていた。
いま、その超人思想とニヒリズムを検証する――。

●**ニーチェ**（1844 ～ 1900）　ドイツの哲学者、古典文献学者。主著『権力への意志』『ツァラツストラはかく語りき』等。「神は死んだ」という言葉が波紋を呼び、また、「超人思想」がヒトラーに影響を与えた。（上）「超人思想」に潜《ひそ》む危険性を検証した『公開霊言 ニーチェよ、神は本当に死んだのか？』（幸福の科学出版刊）。

会《かい》〟的に利用されるところがあるんでねえ。

「心理学者は、優《すぐ》れた生き方をしている人の精神分析《ぶんせき》はできない」

アドラー　だから、うーん……。いやあ、私は、そんなオールマイティーじゃないから、ちょっと分からないですよ。

「成功心理学」っていったって、ものすごい数があるし、現実では、精神分析《ぶんせき》は、いろんな人が言うとおりで、フロイト的なものとか、もう、みんな、病人ばかり相手にしてる。まあ、ユングもそうかもしらんけど、「病人」ばかり見てさあ、その「病理現象」ばっかり見て、「ここに疾患《しっかん》がある」とか、精神的な疾患を指摘《してき》はしても、「健康な人」や、「ビジネスでエリートをやってるような人たち」は、いったいどうしたらいいの？　「病人を見てつくった心理学に基《もと》づく処方箋《しょほうせん》で生きていけるか」っていったら、生きていけないからねえ。

だから、もうちょっと「優《すぐ》れた生き方」をしてる人から学ぶべきだとは思うんだけど、残念ながら、「優れた生き方」をしている方は、心理学者や、分析医として診察《しんさつ》をやっている人たちよりも、社会的に偉《えら》いし、収入も高いから（笑）、精神分析をできないわけよ。

だから、私らの分析力でもって、例えば、ビル・ゲイツの精神分析や、スティーブ・ジョブズの精神分析なんかやったって、無駄《むだ》なんだよ。あるいは、エジソンの分析やアインシュタインの分析をしたって、どうせ届かないんだよ。

「アインシュタインが、相対性原理を発明できて、発見できて、そして人類の科学をグーッと推《お》し進めたのは、彼が大学受験で失敗して、反省したからだ」とかね、あるいは、「離婚《りこん》を通して、彼はそうなった」とか言ったところでねえ、こんな者はいっぱいいるよ。そんな人はいくらでも世の中にいるわけだから、理由になってないわけよ。

「リンカンが偉くなったのは、恋人《こいびと》が死んだからだ」とかね、あるいは、「貧乏《びんぼう》だったからだ」とか、「学歴がなかったからだ」とか言ったところで、もう、きりが

ADLER'S SPIRITUAL MESSAGE

「優《すぐ》れた生き方」を
している方は、
心理学者や、分析《ぶんせき》医として
診察《しんさつ》をやっている人たちよりも、
社会的に偉《えら》いし、
収入も高いから、
精神分析をできない。

ないよな。もう、しょうがないよねえ。あるいは、「樵《きこり》をやって、鍛《きた》えた体が役に立った」って言ったって、そんな人はほかにいくらでもいるわけだから（笑）。結局、分析の対象外になるわけよ、そういう偉人になってくると。心理学者より偉いから、どうしようもないわけね。

だから、現代にも、分析できない人はいっぱいいるわけよ。もう、それについては諦《あきら》めで、私らレベルで届く範囲《はんい》までしか駄目だし、そういう人たちは、どうせ相談に来やしないから。精神分析医とか、そんな安っぽいところには来やしないので。

斎藤　成功している人は、相談に来ない？

アドラー　こんなの、もともと来ないから。そんなの、全然来ない。来やしないので。

そちらのほうに、いろんな人が人生相談に行ってるんじゃないの？「どうしたらうまくいくんですか」って。

例えば、大成功した会社の社長や会長をやってるような人が、経営者を千人、二千人といっぱい集めて、企業《きぎょう》の経営塾《じゅく》みたいなのをやってるんじゃないの？　塾みたいなの、ね？

だから、逆に、そっちに行くんであって。そちらの経営者が私たちのところに来て、「子供時代に貧乏しまして、こんなになりました」とか、「松下幸之助《まつしたこうのすけ》さんみたいに、子供時代に丁稚奉公《でっちぼうこう》に出されました。米相場《こめそうば》で親が失敗して、貧乏になって、丁稚になりました」みたいな相談を聞いたって、もう、本気で聞いてられないんですよ。向こうは、答えを全部知ってるんだもん、相手は。

答えを全部知ってて、そんなのを相手にしてるほど、こっちもバカじゃないから。「そういう偉い方は、どうぞ、外で教えてください」「こちらの対象外なので」ということで。

まあ、私は、単なる病人だけよりも、普通《ふつう》の人でも悩《なや》んでるような案件を、ちょっとでもよくしていくあたりには焦点《しょうてん》を当てたけれども、現実、「成功心理学みたいなものを実践《じっせん》的に教えられるか」っていったら、やっぱり、そこまでは行ってなかったので。

そういうところを教えてくれる人は、「別にいる」と考えたほうがいいんじゃないかな。「人類全体の教師」には、やっぱり、なれない。

8　このままだと「心理学は滅《ほろ》びる」

集団生活をするかぎり「対人関係の悩《なや》み」は起こるもの

斎藤　今、お話をお伺《うかが》いしていると、アドラー先生は、分析《ぶんせき》の対象も幅広《はばひろ》く、病人だけではなくて、成功者までは行っていない普通《ふつう》の方々などにもフォーカスしながらやっていたということでもありました。

アドラー先生は、ご生前、「すべての悩《なや》みというのは対人関係から来るんだ」という強いご信念を持たれて治療《ちりょう》に当たっていたと思うのですが、なぜ、「悩みは対人関係から来る」というようにおっしゃったのでしょうか。

アドラー　うん、まあ、そうなんじゃないの？

一人でいたら悩みは少ないだろうけど、やっぱり、人間は集団生活をするからね。だから、悩みが出てくる。合わない人は、どうしても出てくるしね。それで、自分が好きな人でも、その人を嫌《きら》いな人が、必ずいたりして。

やっぱり、ある程度、集団生活で生きていかなきゃ、特に現代的には、ちょっと無理なところがあるから。まあ、パンダみたいに、一頭だけで竹藪《たけやぶ》のなかに住んでるのでもいいなら、いいけど。ただ、全世界で二千頭しかいない動物と、七十何億もいる動物である人間とでは、やっぱり、違《ちが》いはあるわなあ。

人間も、全世界で二千人ぐらいまで数を減らしたら（笑）、それぞれの国でパラパラと、「日本列島には、ただいま、十人ほどの日本人が生息《せいそく》しております」とかいうようになって、そうしたら顔を合わすこともないからねえ、悩みもないだろうとは思うけど。毎朝、満員電車に乗って、会社でまた角突《つのつ》き合わせて、二十代から六十代までいればぶつかるから、そうした価値観のぶつかり合いとか、外の会社との折衝《せっしょう》で、また悩みも出てくる。まあ、だいたいこの連続だよなあ。

しかたがないから、その集団生活のなかでできるひずみを、どうやって元に戻《もど》すかっていうところが中心になるわなあ。

とりあえず、それが、昔の出家《しゅっけ》というか、仙人《せんにん》になったりするような人たちの動機なんじゃないの？　そういうところから逃《のが》れて一人になったら、まず、解放されるから楽になる。ただ、発展感はないから、いずれ退屈《たいくつ》はしてきて、人生として無《む》駄《だ》じゃないかどうかを考えなきゃいけないわけだな。

お釈迦《しゃか》さんだって、一人で修行《しゅぎょう》したんだろうけど、だんだん、やっぱり、組織をつくって、またやり始めたんだろう？

まあ、そういうところが人間にはあるから、必ずなあ。うん。悩みは、ほとんどそうだよ。

幸福の科学も、多くの人を救いたいから組織をつくったんだろうけど、組織ができたがゆえに、組織のなかでは悩みができるし、組織対ほかの組織との間で、またコンフリクト（衝突《しょうとつ》）が起きるからさ。

まあ、そういうことで、悩みは出てくるっていうことだなあ。だから、そのつど、解決していくしかないわけで。

もちろん、大きな力が働いてくると、もう、私なんかには解決が不可能なところまで行くけどねえ。だけど、聞き役だけでも、多少は役に立つところもあるのかなあというところかな。

「その人が見えるところまでしか〝景色〟は見えない」

北舘　今、ご生前には、「人間関係」を中心に解決していこうとしていたという話がありましたが、アドラー先生は、心理学が向かうべき「未来の方途《ほうと》」というものを、どのようにお感じになっているのでしょうか。やはり、「人間関係」中心ということになるのでしょうか。

アドラー　まあ、もうちょっと役に立たないと、〝滅《ほろ》びる〟だろうねえ。きっとねえ。うーん。

斎藤　何が滅びるんですか。自分の？

アドラー　いやあ、心理学がね。

斎藤　心理学そのものが滅びてしまうのですか。

アドラー　アッハッハッ（笑）。いやあ、危ないと思いますよ、うん。
まあ、私が言っちゃいけないんだけども、フロイト、ユング、アドラーばっかり読んでたら、人間社会は、全然進歩しないかもしれないから、もしかしたら。もうちょっとまともなやつをやらないと……、うーん、役に立つものを勉強しないと駄目かもしれないんで。

ADLER'S SPIRITUAL MESSAGE

心理学は、
もうちょっと
役に立たないと、
〝滅《ほろ》びる〟。

まあ、〝気休め〟ですよ。心理学は、やっぱり、ある程度〝気休め〟なので（笑）。宗教と一緒《いっしょ》なのよ、ある意味では。だけど、宗教ほど「教条的でない」っていうだけでね。気休めは気休め。

でも、どこか、そういうところも必要でしょう。

だから、第三者ね？　まあ、宗教も医者と一緒で、「個人情報」を守らなきゃいけないところであるんだろうけれども、それでも、大勢の組織だと、情報が漏《も》れちゃうからねえ、いろいろ。悩みがあると漏れるから、そのへんは難しいと思うけど。

精神科医なんかは、「漏らさない」ということで、いちおう、企業《きぎょう》幹部とかエリートなんかのいろいろな相談も聞くわね。

あとは、聖職者の場合は、「私は人を殺しました」みたいなのまで、懺悔《ざんげ》で聞かなきゃいけないわねえ。まあ、聖職者の場合は、そういう情報を得ても、守秘義務があるから、それを言わなくても罪にはならないんだね、一般《いっぱん》的にはね。

一般の人は、「あの人が人を殺した」とか聞いたら、そらあ、通報しなきゃいけないとは思うけど、聖職者の場合は、罪を犯《おか》した人の懺悔を聞いても、それを全部、警察に通報しなきゃいけない理由はないので。それを改心させるべく、説教を試みたり、「神に許しを乞《こ》いなさい」とか、いろいろやるわけで。警察に出頭するんでも、本人が改心をして、自分で出頭するように仕向けるのが、まあ、普通でしょうね。

そういうふうに、「宗教家」、それから「心理学者」、あるいは「医者」は、個人の情報を守らなきゃいけない部分があるからね。だからこそ、心を開いてくれるところもあるわけだから。

ただ、限界はあるよ。やっぱり、すべての人間のタイプを知るっていうことはできないからね。どうしても、人間の才覚はある。同じアドラー派に属する分析医だって、才能に差があるからね。

要するに、その人の「人間力」よ。「人間力」に差があるから、その人が見えるところまでしか〝景色《けしき》〟は見えない。それより上の人は見えないし、ずーっとえぐれすぎている人の場合も、またちょっと見えないところがあって、ちょうど手助けできる範囲《はんい》っていうのがあるわけよ。

だから、ボートから落ちた人でも、手を伸《の》ばして引き上げられる人なら助けられるけども、海難救助士みたいに、ヘリコプターからズボーンと落ちてねえ、海で溺《おぼ》れてる人を救うところまで行くには、そうとう高度な技術が要《い》るから、そんな簡単にはできることじゃないし、たくさんは救えないわな、やっぱりな。

われわれのやれるのは、そのくらいの感じ。ボートから落ちてバタバタしてる人に手を伸ばして、自分で引き上げられる範囲内の人をボートのへりに付かして助けてあげるぐらいのことはできるけど、台風……、嵐《あらし》の日のねえ、ハリケーンの日の海難に遭《あ》った船の人たちを助け出すだけの技術は、私たちにはなくて。

そういうところはですねえ、こういう、〝スーパー超能力《ちょうのうりょく》〟を持った教祖様のところに、どうぞ、ご相談いただいたほうがいいんじゃないかと思います。

9　心理学と宗教の「違《ちが》い」と「重なり」

救済力における「心理学の限界」とは

斎藤　（上村に）若い人からはどうですか。

アドラー　悩《なや》みはないんですか？

上村　アドラー先生の本には、「人間の幸福のためには貢献《こうけん》感が大事だ」と書かれていまして。

アドラー　うん、うん。

上村　『嫌《きら》われる勇気』のなかでは、「自分が貢献していると思うことが大事だ。そして、究極的には、自分が存在していることが、誰《だれ》かの役に立っていると思うことも貢献感になる」というようなことが書かれていたのです。

ただ、そのような、「自分が本当に誰かの役に立っている」という思いを持てないと、それが自殺につながってしまったり、ひねくれた方向に行ってしまったりする原因にもなると思うんです。そうした「貢献の中身」といいますか、「ありのままの自分自身を受け入れる」ということについてはいかがでしょうか。

アドラー　まあ、そこも難しいところではあるんだけどねえ。その貢献のところも、「義務感」とか「責任感」のところを強く押《お》し出しすぎると、何《なん》にも役に立ってないと思う人にとっては、「無力感」につながっていくことになるんでね。まあ、それは難しいなあ。

だから、「心理学の限界」はあるよ。本来、われわれは宗教とは「違《ちが》う世界」をつくってるつもりではいるんだけど、やっぱり重なってるところはあるんで。

宗教は、最後は「神」「仏」というスーパーナチュラルな存在に助けを求めるし、そういう、人間の力、人智《じんち》を超《こ》えた力が救ってくれるという思想があるから、最終的にはすべての人に対する救済力を持っているところはあるけれども、心理学にはそこまでの救済力自体はない。

ただ、もしかしたら、「現代的な悩み」のなかには、古代の宗教や旧《ふる》い宗教、キリスト教なんかでは解決できないような問題に、（心理学で）アドバイスできるような内容もあることはあるので。

まあ、細《こま》かく個人の事情を分析《ぶんせき》していく範囲《はんい》内で、「ああ、これがネックだな。ここを直すべきだ」ということは、われわれには言えるが、キリストの教え、二千年前の教えを読んだだけでは、それに直接触《ふ》れていないかもしれないからねえ。

だから、そのへんが、「現代的なことにある程度対応できる」っていう。

ADLER'S SPIRITUAL MESSAGE

宗教は、最後は「神」「仏」という
人智《じんち》を超《こ》えた力が救ってくれる
という思想があるから、
最終的にはすべての人に対する
救済力を持っているところは
あるけれども、心理学には
そこまでの救済力自体はない。

まあ、ある意味では、牧師《ぼくし》さんあたりとも競争をしてるのかなあ……、とは思うけどねえ。

北館　ありがとうございます。

近代啓蒙《けいもう》思想のプラス面とその限界

北館　「貢献」ということの奥《おく》に、「共同体感覚」という理論をおつくりになったと思うんですけれども、その意味では、ユートピア思想につながる教えであるとか、また、愛についても、ずいぶんとご著書を著《あらわ》されていたと思います。

アドラー　うん。

北館　今、アドラー先生から宗教と心理学についてお話を頂いたんですが、一方、学校教育では、「唯物論《ゆいぶつろん》」というものが、価値観として、ライフスタイルとしてかなり行われて、多くの人々に広がっています。これについては、どのように思われるでしょうか。

アドラー　うーん、まあ、「哲学《てつがく》」や「心理学」が、宗教を否定する側でね、自分たちの磁場《じば》を張ってるところはあるので、学校教育からも、そういう宗教教育みたいなものを排除《はいじょ》しようとする動きはあるわなあ。

神仏《かみほとけ》とかいうようなものは認識できないものがほとんどであるから、「そういう認識できないものを学問の場に持ち込《こ》むべきではない」っていう近代人の感覚はあるんだろうけどね。

だいたいが、啓蒙《けいもう》思想そのものが「神から離《はな》れていくための思想」であったわけで。

だから、ロック•やルソー•のあたりから、実際は、神様の首を斬《き》り落としてる自覚

●ロック（1632 ～ 1704）　哲学者・政治哲学者。イギリス経験論の父。社会契約や抵抗権の考えが、アメリカ独立宣言やフランス人権宣言等に影響を与えた。主著『市民政府二論』等。

は持っていた。ロック、ルソー、カントあたりから、つまり、一七〇〇年代ぐらいあたりには、もう十分、近代思想のなかに、神様の〝首を斬り落とし〟て、自分たちでやっていこうとするあれはあっただろうとは思うんだけどね。まあ、その結果が現代まで来ているわけで。

人口が増えて、社会全体が発展して、生活のレベルが、それ以前よりも、中世よりもよくなって、病気で死ぬ人なんかも減ってきていることから見れば、合理思想とか啓蒙思想自体は、人類が数多く、より幸福に生きるためには役に立った面も多いんだろうとは思う。これは認めざるをえない。

それから、「学問の力」も、いろんなものを「テキスト化」してね、教科書化して、いろんな人が教えられることによって、悟《さと》りを開いた人が教えるだけでなく、学校教育を受けた人が先生になって教えていける。拡大再生産できることによって、一定のレベルまで認識力のある人を数多くつくることはできるようになった。それによって、高い見識を持った社会人をつくることができて、近代の会社等で活躍《かつやく》で

●ルソー（1712～1778）　フランスの啓蒙思想家。人間の平等と国民主権を主張し、人間の自然的な善性を重視した教育論を展開した。主著『社会契約論』『エミール』等。

●カント（1724～1804）　ドイツの哲学者。観念論哲学の祖。従来の合理論や経験論に対し、理性による批判検討を行《おこな》った。主著『純粋理性批判』等。

ADLER'S SPIRITUAL MESSAGE

合理思想とか

啓蒙《けいもう》思想自体は、

人類が数多く、

より幸福に生きるためには

役に立った面も多い。

きる人がいっぱいつくれた。

まあ、この意味でのプラスの面は、そうとうあるだろうと思う。これを昔に戻《もど》してね、日本で言やあ、「『南無妙法蓮華経《なむみょうほうれんげきょう》』とか、『南無阿弥陀仏《なむあみだぶつ》』だけを唱《とな》えときゃあいい」とか、あとは、「問題が解決しなかったら、それを百万遍《べん》唱えろ」とかいうような思想だったら、現代的な発展はちょっとないわねえ。

だから、トヨタの自動車をつくるのでも、「うまくつくれません」っていうのに、「『南無阿弥陀仏』を百万回唱えなさい」みたいな。これだと、やっぱり通らないでしょう。通らないもんは通らないんで。

その信心《しんじん》を否定する気はないけども。それは心の安らぎになるだろうし、まあ、個人的にはそれでいいと思うけど、阿弥陀さんに頼《たの》んでも、ロボットの不調は直せないですよ。それは、やっぱり技師が直さなければ直らないんで。

これは現代ですから、その部分については、ロボットの不調を直せる技術を教えなきゃいけないんでね。これで大勢の人が食べてるわけだから。

まあ、人口増加に対応して、先生を大量生産するために……、先生ないしは、そういう、何て言うか、指導役に立てる人を数多くつくるために、教科書や教育技術みたいなものができてきて、そうなったんだと。

今、イエス・キリストが生まれたら、精神病棟《びょうとう》に隔離《かくり》される？

アドラー　ただ、これから溢《あふ》れるものは出てきて、逆に、その限界が、もっと〝ほかの可能性を消しているもの〟もたぶんあるだろう。だから、「神秘的なもの」が出てきても、なかなか行けない。

今、イエス・キリストが生まれたとしたって、二千年前と一緒《いっしょ》で、違う意味で、やっぱり十字架《じゅうじか》に架かる可能性はあるわなあ。

だから、今、イエス・キリストが出てきて、ニューヨークに現れて、「われはキリストの再臨《さいりん》なり」ということで五番街で教えを説き始めても、しばらくしたら救急車で連れて行かれて、精神病棟《びょうとう》に隔離《かくり》される可能性は極《きわ》めて高い。まあ、八十パーセントぐらいの可能性で高いね。

同じことを言ったらねえ、「『私の肉を食らい、血を飲め』とか言ってるけど、これは絶対に狂《くる》ってる」と、やっぱり思うだろうねえ。あるいは、「『私の肉体を破壊《はかい》しても、三日後には蘇《よみがえ》る』とか言ってる。これは、もう完全に〝イッて〟る」と思うでしょう。

まあ、この世的に見りゃあ、そのとおりだな。

斎藤　つまり、近代社会をつくる合理性を持った考え方で、そういう教師に当たるような人をつくることには成功したけれども、失うものもあったということですね。

10 「過去世《かこぜ》」と「他の哲学者《てつがくしゃ》たちとの関係」を訊《き》く

自分の学説を否定することになるから過去世は語れない？

斎藤　ところで、アドラー先生ご自身は、「霊的《れいてき》な世界」や「霊」については、どのようにご認識されていますか。

アドラー　それがねえ、「過去を振《ふ》り返るな」的なことを言うてるから、あんまり言えないのよ。

斎藤　いや、それは……（苦笑）。「過去を振り返るな」といっても、全部、過去を否定しなくても……。

アドラー　だから、あんたがたさあ、全部、「縁起《えんぎ》の理法《りほう》」で行くんだろう？　「過《か》去世《こぜ》が偉《えら》かったから、こんな仕事ができている」って言うんだろう？

斎藤　原因結果の連鎖《れんさ》で……。

アドラー　それ、〝乗れない〟んだよ。それは自分の学説を否定することになるからさあ。

北舘　ただ、「共同体感覚」という学説が説かれていますけれども、初期の天照大神《あまてらすおおみかみ》様の霊言《れいげん》のなかにも、一節を割《さ》いて共同体についての話が説かれていまして（『大川隆法霊言全集　第41巻』〔宗教法人幸福の科学刊〕第3章参照）。

アドラー　まあ、そらそうだ。ユートピア論もあるしね、昔からね。そら、そのとおりだから。

北舘　そういったことで、共同体感覚が秀《ひい》でた文化として構築されている日本にも、ご縁があったのかなと思います。

あとは、共同体感覚のなかには、空間縁起●の考え方もずいぶん入っていると思うので、（過去世で）仏教も学ばれていたのではないでしょうか。

アドラー　まあ、そら、そうだろうとは思うけどさあ。

でも、今、職業上の問題として、学説を変えたら、あんまりよく……。

斎藤　いえ、もう亡《な》くなられてしまっていることですし、禅《ぜん》的に言えば、ここは前《ぜん》後際断《ごさいだん》して、「この霊的な〝道場〟で、共に心を合わせていく」というですね、そ

●空間縁起　縁起の理法には、「時間縁起」と「空間縁起」の二つの面がある。時間縁起は、「因」と「縁」によって「果」が現れるという法則として説明される。空間縁起は、すべては依《よ》って存在するという考えであり、空間におけるお互いの関係論として説明される。『大悟の法』『信仰告白の時代』（共に幸福の科学出版刊）等参照。

ういうような世界観と考えていただいて結構かと思うんですけど。

アドラー　まあ、「仏教」や「キリスト教」にも、そらあ、縁はある……。

斎藤　先ほどからお話を聞いていると、どう考えてみても、禅僧《ぜんそう》というか、「禅の考え」にかなり近いところもあるかなという気もしますし。

アドラー　ああ、まあね。そうかもしらんねえ。

斎藤　「現在ただいま、ここに生きよ」みたいな感じもするんですけれども。

アドラー　うーん、ハッハッハッハ（笑）。

斎藤　「過去を振り返るな」ということは言われましたけれども、そういう意味では、どうしても、今語られているなかに、過去に培《つちか》われたものが波長《はちょう》として伝わってきてしまいます。そのあたりはいかがでしょうか。

アドラー　まあ、あるかもしれないけども、名前のある名僧、高僧よりは、たぶん下だと思うよ。

なぜか日本語を話せるアドラー

斎藤　ただ、日本に何かご縁はありましたか。これだけ日本に……。

アドラー　日本語をしゃべってるからねえ。

斎藤　そうですね。

アドラー　そらあ、あるとは思うけど。

斎藤　いつの間にか自然に日本語になって……。普通《ふつう》は英語かなと思います。

アドラー　君たちへの〝サービス〟のためにしゃべってるわけではなくて、しゃべれるから、まあ、しゃべってるんだろうねえ。

斎藤　やはり、過去の経験が……。

アドラー　まあ、そうだろうねえ。

斎藤　どのあたりの時代で……。

アドラー　いや、そういうねえ、君ねえ、あんまり〝格差社会〟をつくろうとしちゃいけないよ。

斎藤　いや、いや、いや（笑）。われわれが「勇気を持った生き方」をするには、これはぜひ必要なところもございますので。

アドラー　うーん、君らは同じテーブルに全部載《の》せたがるからね。やっぱり、よくないなあ。

斎藤　いや、でも、何となく親しみも……。

アドラー　なかに〝偉い人〟がいっぱいいるんでしょう？　「過去世は偉ーい人の

生まれ変わり」みたいな。

斎藤　いやいや、過去世ということではなくて……。

アドラー　ええ？

斎藤　どんな経験をされ、どの時代に、どんな日本を見てこられたのかなという関心が、今、強く出ています。

アドラー　いやあ、君なんか、「過去世で〝閻魔《えんま》大王〟だったとか言われたい」とか、そんな気持ちを持ってない？

斎藤　（苦笑）

アドラー　もし、そういうのを入れたら、箔《はく》が付いて部下が言うことをよくきくとか。

斎藤　いや、いや、いや。めっそうもない。

アドラー先生は、ここまで、日本で小説的な本にもなったり、テレビ化されたり……。

アドラー　「仏教」と「キリスト教」、両方、関係は……。

斎藤　両方、経験されている？

アドラー　だから、そういう「愛の思想」を、キリスト教的なものとしては、持ってはいる。

仏教としては、禅と言っていいかどうかは分からないが……。まあ、禅だけではないけれども、仏教のなかにはそういう修行《しゅぎょう》があるからね、いろいろとね。まあ、そういうところは、やっぱりあるわなあ。

斎藤　例えば、ゴータマ・シッダールタ、釈尊《しゃくそん》、仏陀《ぶっだ》の時代にも縁がございますでしょうか。

アドラー　アドラーがそれで縁があってどうするのよ、あんた。

斎藤　いえ（苦笑）。

アドラー　困るでしょう、「アドラー学会」が。

斎藤　いや、でも、「幸福に生きる」という哲学《てつがく》は、「悟《さと》り」にもつながると思いますので。

アドラー　いやあ、そんなことはない。仏教的に言ったら、もう、幸福に生きようと思うこと自体が執着《しゅうちゃく》だから、断《た》ち切らなきゃいけないかもしれないから。

斎藤　いや、そうは言っても、「自分が幸福になっていって、多くの人を幸福にしていく」というのが本当の幸福だと思うので。

アドラー　いや、知らないなあ。それは分かんねえなあ。

霊界《れいかい》で、ユング派との競争がある

斎藤　このままで行くと平行線になって時間がもったいないので、少し先に行きますけれども。

アドラー　うーん。

斎藤　アドラー先生がご帰天《きてん》なされて、今、霊界《れいかい》でのいちばんのご関心は何ですか。

アドラー　うーん、今はちょっと、まあ、「ユング派との競争」だな。

斎藤　霊界でユング派との競争をしている？　何を競争しているんですか。

アドラー　いやあ、心理学者としてね。心理学としてね。

斎藤　ああ、三大巨頭《きょとう》の競争が……。

アドラー　まあ、もうフロイトは駄目《だめ》だよ。フロイトは駄目だけど。

斎藤　ああ、駄目だから、最後に残ったのはアドラー先生とユング先生ですね。

アドラー　ユング、アドラー、このへんのね、ちょっと今……。
まあ、教祖は教祖なんだけど、われわれもね。

斎藤　すごいじゃないですか。

アドラー　〝現代の教祖〟なので、あと、どこまで影響力《えいきょうりょく》が広がっていくかについてはやっているけどね。

まあ、なんか、おたくはちょっと、ややユングを持ち上げる傾向《けいこう》があるので。あんな、「変な夢を見た」っていうような話ばっかりする人を、そんなに信じちゃいけないよ。気をつけないと、あれはカルトになるから。

ユング派は、ちょっと〝カルト系〟が入ってるよ。だから、気をつけたほうがいい。

斎藤　そうですか。アドラー先生からはそう見える？

アドラー　うん。フロイトなんか、もっとカルトだけどね。

斎藤　ああ、フロイトはもっと……。

アドラー　うん。私はそうじゃないから。私はねえ、「王道」ですよ。

斎藤　王道ですか。

アドラー　王道の、仏教で言えば、そんなにずっと偉くはないと思うけど、まあ、「菩薩道《ぼさつどう》」だね。

斎藤　菩薩。

アドラー　うん。「菩薩の道を説いてる」んであってね。

斎藤　仏教の菩薩ですか。はあ。

●**菩薩**　霊界の七次元に相当する悟りを持ち、利他行など愛の実践に励み、人々への奉仕に生きる存在。

ノーマン・ビンセント・ピールの思想との違《ちが》いは？

斎藤　一つの情報によりますと、アドラー先生は、あの世の世界のなかでは、「積極思考」を説かれたキリスト教牧師《ぼくし》の●ノーマン・ビンセント・ピール博士と同じような世界に還《かえ》っているということも聞いたのですが。

アドラー　何か、〝おしゃべりの人〟がいるんだなあ。

斎藤　いやいやいやいや。直前にそういう話が……、ええ。

アドラー　宗教をやる人はねえ、やっぱり、秘密厳守しなきゃいけないんだ。

斎藤　いや（笑）、言ってしまったじゃないですか、ご自分で（笑）。

●ノーマン・ビンセント・ピール（1898～1993）　アメリカの牧師・著作家。ポジティブ・シンキング（積極思考）の創始者的存在であり、著書『積極的考え方の力』は全世界で二千万部の大ベストセラーとなった。

アドラー　そういう情報漏洩《ろうえい》はよくない。だから、やっぱりね、「個人情報は漏《も》らさない！」ということが、信用のもとなんだからさあ。

斎藤　ええ。いやいや……（笑）。

ただ、ノーマン・ビンセント・ピール博士と一緒《いっしょ》の世界ということは、「積極思考」ではありませんか。

アドラー　いや、彼が「積極思考」なんであって、私は別に積極思考ではなくて、「未来志向」ということですね。うん。

斎藤　未来志向？

アドラー　うん。うん。

斎藤　その微妙《びみょう》な違《ちが》いについて、ちょっとコメントいただければと思うんですが。

アドラー　いや、彼はキリスト教に事寄《ことよ》せて全部説こうとしてるけど、私はそこまでキリスト教に事寄せてやってはいないんですよ。

だから、学問としては、わりあい〝ニュートラル〟なんですよ。仏教的でもキリスト教的でもないあたりのところでやってて、できるだけ、そういう教条色っていうかねえ、「これさえ信じれば救われる」みたいな強い感じにならないように、非常にバランスを取りながらやってるタイプなので。まあ、そのへんは間違われたくない。うん。

アドラーと立場の近いタイプの日本人とは

斎藤　大川隆法総裁が事前解説のなかで、教祖的ではなく、「どちらかというと、評論家的な面もある」というようなことを言われていましたけれども。

アドラー　うーん。まあ、そうだなあ。だから、君らが知ってる日本人で言うと、●幸田露伴《こうだろはん》だとかなあ。あんなような人と近いし……。

斎藤　あっ、幸田露伴先生ですか。

アドラー　うん。まあ、そんなようなタイプの人とか、まだ生きてるけど、渡部昇一《わたなべしょういち》さん（上智《じょうち》大学名《めい》誉《よ》教授）とか……。

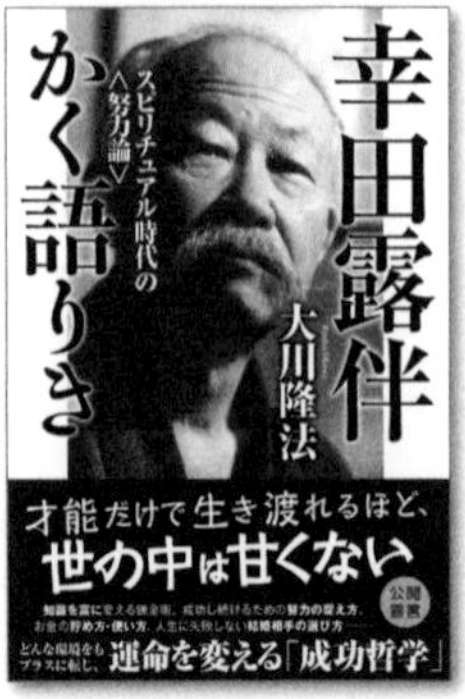

●幸田露伴（1867〜1947）　明治から昭和初期の小説家・随筆家・考証家・俳人。理想主義文学の担い手として近代文学の一時代を築いた。また、随筆や史伝においても、『努力論』『修省論』等、優れた作品を多数遺している。（上）運命を切り拓く新しい「努力論」を語った『幸田露伴かく語りき』（幸福の科学出版刊）。

斎藤　渡部昇一先生？

アドラー　うん。あんなような人は、近いところにはいるわなあ。

斎藤　はああ……。

アドラー　意識的には、あのあたり……、まあ、仕事的にもね？　あんなような感じに近いと見ていいんじゃないか。うん。

斎藤　はあ……。

北舘　マズローやユングよりも、そういった方々のほうがお側《そば》にいらっしゃるんで

●アブラハム・マズロー（1908～1970）　アメリカの心理学者。自己実現や創造性、至高体験などの研究を行い、人間性心理学を提唱した。1962年、ヒューマニスティック心理学会を設立。1967年から1968年までアメリカ心理学会会長を務めた。著書『人間性の心理学』『完全なる人間』等。

すか。

アドラー　うん。だから、多少、まだ現代に通じる教えの感覚を持ってる人っていうかなあ、うーん。

スマイルズ、カーネギー、松下幸之助《まつしたこうのすけ》についてはどう思うか

斎藤　サミュエル・スマイルズとか、ああいう「自助論」の方は……。

アドラー　まあ、ちょっと〝勤勉すぎる〟ので、少し、ちょっとだけ……。

斎藤　あっ、勤勉すぎても駄目なんですか。

アドラー　うーん、若干《じゃっかん》、きつい。

●**サミュエル・スマイルズ**（1812 ～ 1904）　イギリスの作家・医者。医者を開業したが、『スティーブンソン伝』をきっかけに伝記作家として世に知られる。1858年に出版された『自助論』は、明治維新直後に、中村正直《なかむらまさなお》が『西国立志編』として邦訳、福沢諭吉《ふくざわゆきち》の『学問のすすめ』と共に百万部を超えるベストセラーとなり、当時の日本に大きな影響を与えた。

斎藤　きつい？

アドラー　うん、うん、ちょっと、ちょっときついかな。

斎藤　はあ。ほかにも、デール・カーネギーなどは、わりあい人間関係等についての通俗《つうぞく》哲学的なことを……。

アドラー　ああ……、うーん……、まあ、比較《ひかく》的近いかなあ。比較的近いかもしれないねえ。うーん。

斎藤　比較的近い？　はあ、はあ、はあ。ほう。実業家として、例えば、松下幸之助《まつしたこうのすけ》さんとか……。

●デール・カーネギー（1888～1955）　アメリカの実業家・作家。人間関係研究の先駆者。大学卒業後、新聞記者、俳優などの職業を経て、1912年、YMCA（キリスト教青年会）の弁論術担当となる。後に、D・カーネギー研究所を設立。1936年に出版された『人を動かす』は、世界的ベストセラーとなった。

アドラー　いやあ、あれは経営者だから、ずばりは、ちょっと……。

斎藤　全然、違いますか。

アドラー　うーん、違う、かなあ。

「ナポレオン・ヒルの思想には、ちょっとだけ〝嘘《うそ》〟がある」

斎藤　それでは、自己啓発《けいはつ》で有名なナポレオン・ヒルなどはあまり……。

アドラー　まあ、あれも「よし悪《あ》し」だからなあ。

斎藤　よし悪し？　ほう。

●ナポレオン・ヒル（1883～1970）　アメリカの思想家。1908年、新聞記者として、鉄鋼王アンドリュー・カーネギーにインタビューをした際、「成功哲学の体系化」を依頼される。20年間で500人もの成功者を研究し、『思考は現実化する』を執筆、世界的ベストセラーとなった。

アドラー　うーん……、そう遠くではないけど、ただ、ちょっとだけ〝嘘《うそ》〟があるからなあ。

斎藤　ちょっとだけ嘘がある？

アドラー　うーん。だから、ちょっとだけ、こう、〝仮面〟の……、「いいところを見せる部分」が多すぎて。この、「シャドウの部分」かなあ、心理学の。

斎藤　シャドウ？

アドラー　「シャドウの部分」についてが、やっぱり弱いので。バランス感覚がちょっと悪いかなあ。

●シャドウ　心理学用語。ユングが提唱した概念の一つで、人格の影の面（許容できない自分の暗黒面）のこと。

ADLER'S SPIRITUAL MESSAGE

ナポレオン・ヒルなどは、
ちょっとだけ〝仮面〟の、
いいところを見せる部分が
多すぎて。
シャドウの部分についてが、
やっぱり弱い。

だから、あれに乗って成功する人もいるけど、スキーのジャンプみたいなもんだから、彼の思想は。

斎藤　あっ、スキーのジャンプのような思想ですか。

アドラー　こう、バーッと……。ジャンプみたいに、「九十メートル飛べた」とか「百メートル飛べた」とかいう、まあ、あれに近いけど。

いや、それは、飛べる人は飛べるけど、転がり落ちて骨折する人も多い。「そういうのもいるんだよ」っていうことを言わないからさあ。その意味では、医者としては不十分だよな?

斎藤　あっ、「医者としては」ということですね。

アドラー　うん。だから、これ……、実際、あなたはスキーの九十メートル級ジャンプとか、そんなのできないでしょ？

斎藤　できません。

アドラー　あれだってねえ？　よっぽどやって、やり込《こ》んだ上だよねえ。やり込んで、素質もあって、やっと九十メートル飛ぼうかという超人《ちょうじん》になるものが、「いや、誰《だれ》でも飛べる」と言ったら、やっぱり、嘘になるだろ？

斎藤　はい。

アドラー　嘘になる。

斎藤　骨折します。はい。

アドラー　スキーは、ある程度やれば、誰でもちょっとぐらいは滑《すべ》れる。それはほんとだけど、九十メートルジャンプをやれるかっていったら、それはやめといたほうが……。だから、ここにまあ、たくさんいるけど、やれる人は一人ぐらいいればいいほうだよ。

斎藤　ああ……。

アドラー　やめといたほうがいい。ほとんど病院行きだよね。まず間違いない。ナポレオン・ヒルとかは、そのへんのところを隠《かく》すからさあ。やっぱり、それはちょっと半端《はんぱ》なんじゃないかなあ。

斎藤　うーん。

「地上界への霊的《れいてき》指導」と「生まれ変わり」について訊《き》く

斎藤　今、地上界で霊界《れいかい》からご指導されている方はいらっしゃいますか。

アドラー　うーん……。まあ、いないわけではないかなあ。

斎藤　誰ですか。

アドラー　うーん……。いや、いろいろ各方面に「アドラー派」がいるわけだから、それは、「してはいる」よな。

斎藤　心理学の、そうした人々を指導していると。

アドラー　うん。個人的にもなあ。

斎藤　個人的にも。

アドラー　うーん。だから、今、あんたがたも指導してるじゃない。

斎藤　ああ、ありがとうございます。

アドラー　ただ、まあ、指導するほど内容はないけどねえ。〝分析《ぶんせき》される側〟に回ってはいるがな。

斎藤　今、地上に生まれていますか？

アドラー　いや、そんなことはないでしょう。そんなことはないでしょう。

斎藤　生まれてはいないと？

アドラー　何？　生まれてほしい？

斎藤　いやいや、そういうことではないです。

アドラー　じゃあ、もう、「君に生まれ変わった」って言っとこうか？

斎藤　じゃあ、え……。

アドラー　うれしい？　うれしくない？

斎藤　いやいや、違いますよ（苦笑）。

アドラー　まあ、そうだよねえ。分かる、分かる。君たち的に言うと、一九三七年に死んでたら、もう生まれ変わってもいい感じだから。

（上村に）君なんかに生まれ変わったとか言われるとうれしいかい？

上村　それはうれしいです。

アドラー　うれしい？　ああ、じゃあ、ちょっと〝考えとく〟わ。

斎藤　（笑）

アドラー　彼はかなり、（右手の拳《こぶし》で鼻を伸《の》ばす動作をしながら）だから。

斎藤　それは、ちょっと置いといて（笑）。

アドラーとエル・カンターレとの縁《えん》はどのようなものか

斎藤　仏教にもキリスト教にも縁《えん》があり、今、霊界の菩薩界で指導をされているということですが、一つお伺《うかが》いしたいこととして、主エル・カンターレという霊存在につきましては、どのような感想をお持ちでいらっしゃいますでしょうか。

アドラー　うーん。付き合いは、まあ、（二〇一七年）二月ぐらいから、多少ご縁が……、一月ごろからかなあ？　ドラマ（「嫌《きら》われる勇気」）が始まったあたりから、ちょっと、（大川隆法が）アドラーをもう一回読み直してくださって、研究はされているんだけども。うーん。

いや、手強《てごわ》いねえ。宗教家っていうのは手強いよ。やっぱりねえ、こちらがやってることに、「さらに分析をかけてくる」からね。ちょっと手強いところがあるなあ。

だから、うーん、この「嫌われる勇気」をもうちょっといい言葉で表現しないと駄目だというふうに思っているんだろうと思うけど。

要するに、間違えばねえ、もう、ニーチェ的なところまで行っちゃうからね、これねえ。「超人思想」まで行っちゃうことがあるから。まあ、そのへんの「バランス感覚」が非常に大事で、言葉がちょっと足りてないのかなあ。

だから、やっぱり、「ほんまものの宗教家」には、ちょっと勝てないかなあ。感じとしては、勝てないかなあという感じがするから。

われわれのは、もうちょっとレベル的には低いから、学校で教えられるぐらいの

ADLER'S SPIRITUAL MESSAGE

この「嫌《きら》われる勇気」を
もうちょっといい言葉で
表現しないと駄目《だめ》だ。
間違《まちが》えばニーチェ的なところ、
超人《ちょうじん》思想まで行っちゃうことが
あるから。そのへんの
バランス感覚が非常に大事で、
言葉がちょっと足りてない。

レベルになってるわけで、宗教のレベルまで行くと、これは、もうひとつ跳躍《ちょうやく》が必要で、何と言うか、才能が要《い》るんだよなあ。やっぱり、そこまで〝ワープ〟しなきゃいけないからねえ。それはちょっと難しいところがあるので。

まあ、アインシュタインの分析ができないのと同じように、大川隆法の分析はできない。難しい。うーん。

斎藤　なるほど。そこまではなかなか困難であると……。

アドラー　難しい。それは無理だわ。それは無理だよ。

斎藤　はい。

アドラー　だから、君たちが弟子《でし》でいることだって難しいはずなんだ、ほんとはね。

斎藤　なるほど。はい。

アドラー　うん。うん。もうちょっと〝いい弟子〟が欲《ほ》しいだろう。

斎藤　はい。たぶん、そうだと思います。

アドラー　うん。そう思うよ。うん。

斎藤　はい。ありがとうございます。

11　アドラーが〝幸福の科学の悩《なや》み〟を分析《ぶんせき》する

個々の悩み相談に対する指導力を上げるためのアドバイス

斎藤　残り時間も少なくなってきてしまいましたけれども。すみません（笑）。

アドラー　ハッハ、ハハハハハ（笑）。

斎藤　（笑）アドラー先生は、生前、さまざまな見地から、その哲学《てつがく》に基《もと》づいてご指導されていました。そのなかで、診療医《しんりょうい》のようなこともされていたと伺《うかが》っています。

アドラー　うん。うん。

斎藤　そこで、われわれも宗教をしている者として、さまざまな方々と出会い、「困っている」という悩《なや》みに直面する方と一対一で対面するときに、指導力を上げていく秘訣《ひけつ》などはありますでしょうか。ご生前、そして、霊界《れいかい》に還《かえ》られての智慧《ちえ》でご覧になったときに、どんなところに気をつけるとステップアップできるのか、アドバイスいただきたく思います。

アドラー　うーん……。まあ、確かに、幸福の科学の長所は「教えが多い」ところではあるんだけれども、同時に、それは弱点でもあろうから。教えが多すぎて、もう、学校教師レベルの頭の人には入らないということだよねえ。

だから、宗教家として、教師役で教えようとしても、教えが多すぎて、実は、解《かい》釈《しゃく》や理解が十分にいかないところがあって、実践《じっせん》的な、「実践哲学」として、実際に生きてる人たちに教えるところまで行かない。

斎藤　実践哲学？

アドラー　うーん。だから、大川隆法が教えていることを、そのまま見せるだけとか、本を読ませるだけになっていて、弟子《でし》がいても、その部分があんまり役に立ってないところは問題だなあ。

役に立ってない理由は、私にははっきりと分かるよ。「知力が足りない」んだから。

斎藤　知力ですか。

アドラー　うん。知力が足りない。だから、先生に近いというよりは、「一般《いっぱん》社会の人たちの知力」のほうに近いから。それで、たぶん、間接的に教えるところまで行かないから、みんなが、職員に個人相談をするよりは、「自分で本を読んで考える」というほうに行っちゃうっていうところかなあ。

アドラーの考える「医者と宗教家の二つの違《ちが》い」

斎藤　そうした点を変えて、これから〝よき先生〟、〝心の医師〟として信用を得て、コミュニケーションを図《はか》りながら、「新しい人生の誘《いざな》いをする」という理想型に持っていくには、どんな修行《しゅぎょう》、勉強をしていけばよいのでしょうか。

アドラー　いや、医者との違《ちが》いは、もう、二つしかないんですよ。

斎藤　医者との違いは二つ？　それは何ですか。

アドラー　うん、うん。医者というか、精神分析医《ぶんせきい》との違いは二つしかないんで。一つは、「精神科医は神仏《しんぶつ》について語らない」こと。これが一つね。

斎藤　なるほど。

アドラー　もう一つは、「医者はみんなポーカーフェイスをつくる練習をしている」ということ。

斎藤　はあ。表情を全然……。

アドラー　うん、そうそう。感情を出さない。

斎藤　感情を出さない。

アドラー　感情を出さない。感情を出すと、相手がそれに呼応して変化してくるから、感情を出さないで、ポーカーフェイスで、淡々《たんたん》と分析しているように見せる技術だけは習うんです、ちゃんとね。

斎藤　なるほど。この二点ですか。

アドラー　君たちは、ちょっと感情移入しすぎるのでね。相手の立場に感情移入するから、同通してしまうので。

まあ、霊的にいいものであれば〝いい感じ〟がするけど、悪いものであれば、力関係によっては「指導力を失う」ことがある。君たちの言葉で言えば、悪霊《あくれい》等が影《えい》響《きょう》しているような場合、法力《ほうりき》的なものが届かなければ解決にならないというようなところがあるわね。

医者の場合はポーカーフェイスでね。あるいは、白衣を着たりもするし、分析の手法に則《のっと》って、いちおう、ポーカーフェイスでやってのけるので。

だから、成功したか失敗したかは向こうも分からないし、こっちもほんとは分かってないんだけれども、その場合、何回も「セッションしましょう」ということでつなげていく。

君たちには、そういう根気がないわね、見てて。

斎藤　根気。

アドラー　うん、ないね。

まあ、ある意味で、これでも信者が多いのかもしれないけどね。「先生の数」や「教室」に比べて、「信者数がまだ多い」のかもしれないけど、大衆布教《ふきょう》を、かなり〝空爆型《くうばくがた》〟でやろうとしてるところはあるわね。

だから、私だって、本を出してそれで済むというんだったら、それで済ませたいですけど、そんなものではないので。

こういう、宗教で言えば、「個人相談ができる範囲《はんい》内の宗教」なんだよ、まあ、ある意味ではね。あるいは、コンビニだよな？　コンビニみたいに、こう、同じようなことをやることで店が出ていくかたちのやり方なので。

君たちは、コンビニじゃなくて、やっぱり、もうちょっと品数が多い感じの「百貨店型」に、やや近いのかなあという気はするがなあ。だから、弟子のところが、大勢入《い》れて、強制しても、教師として間接的に「次のステップ」の、人に教えるところまで行かないところが、たぶん、この教団の悩みだろうな。

斎藤　今、ヒントを頂きました。そういう根気を持ち、そして、一人ひとりの心に接していきながら、実践哲学として、丁寧《ていねい》にやっていくような……。

アドラー　『アドラーの霊言《れいげん》』を出しても、あなたがたの講師、うーん、精舎《しょうじゃ》の講師とか支部長とかが、これを読んで理解できて、信者に指導ができる能力と、在野《ざいや》の人っていうか、在家《ざいけ》の人がそれを直接読んで理解できる能力とは、完全に、その個人的な資質に拠《よ》っているものであって。

在家の人でも、理解能力が高ければ、支部に行って聴《き》かなくても、もう、読んだだけで分かってしまうっていうところがあるでしょ？　だから、これが〝難しいところ〟なんだよな。

斎藤　なるほど……！　未来への課題というものを頂きました。

アドラー　うん。

ADLER'S SPIRITUAL MESSAGE

弟子《でし》のところが、

大勢入れて、強制しても、

教師として間接的に「次のステップ」の、

人に教えるところまで

行かないところが、たぶん、

この教団の悩《なや》みだろうな。

幸福の科学の「教団としての課題」と励《はげ》ましの言葉

アドラー　だから、講師の仕事をつくろうとすれば、編集局を〝閉鎖《へいさ》〟してしまえばいちばんいいわけで。「（教えを）内部だけに溜《た》めて、間接的に伝える」っていうやり方をすれば……。

斎藤　なるほど。外に公開しないということですね？

アドラー　そうです。そうすれば、教えられるようになる。

斎藤　要するに、公開をしながらも、人々の心に入っていくには、知力や精進《しょうじん》、根気が必要だということですね。

アドラー　君たちは〝人がいい〟から、「全部公開」してしまうでしょ?

斎藤　はい。

アドラー　それは、プロの出家者《しゅっけしゃ》としては〝食べていけない〟ことを意味してるんだけど、君ら、頑張《がんば》っちゃうから、「全部公開」してしまうじゃないですか。

斎藤　はい。

アドラー　だから、基本的に、自分たちの〝首を絞《し》めている〟んですよ。首を絞めながら生きてるし、教祖は教祖で、寿命《じゅみょう》を減らしながらマラソンをする状態が続いてる。これが今、教団の持ってる課題だよな?

斎藤　はい。さまざまな解釈がございますので……（笑）。

アドラー　やめたくなってきたでしょ？

斎藤　いやいや。

アドラー　そろそろやめたくなってきたでしょ？

斎藤　後々《のちのち》、法談《ほうだん》を重ね、また見識を深めてまいりたいと思います。未来の課題を賜《たまわ》りました。

アドラー　まあ、でも、いちおう「仲間」だからね。何かあったときには相談ください よ。

斎藤　相談してもよろしいですか。

アドラー　ええ、ええ。ええ、ええ。まあ、君らと同レベルだから。大してレベルの差はない。

斎藤　えっ、そんな（笑）。それは、アドラー先生、とんでもない話です。

アドラー　ただ、君たちよりもちょっとだけ〝古く〟てね。まあ、最近、ちょっとだけ名前が売れてきたけどね。君だって、自伝を書いて百八十万部売れたら、立場は一緒《いっしょ》だから、うん。

斎藤　うーん。そんなご謙遜《けんそん》のなかにも、大きな光が感じられたような感じがいたします。

アドラー　うーん、まあ、「嫌《きら》われる勇気」、出たかな？　ちょっとは。最後のほうで。

斎藤　だいぶ、嫌われた感じで……（笑）。

アドラー　へへへへへへへ（笑）。

斎藤　お話のなかで踏《ふ》み込《こ》まれた〝とんがった〟ところで、心にガツッと来ました。はい（笑）。

アドラー　（笑）まあ、たまたま、今、日本で知られてきたから、忘れられる前に、君のところで、ただただ印刷に回して大勢にばら撒《ま》くことをやっとれば、医師でなくても、ばら撒くことはできるからね。

だから、君たちは〝印刷屋の手下〟なんだ。それで頑張りなさい、うん。

斎藤　時間となりました！　ありがとうございます。

アドラー　はい。

大川隆法　はい、以上です。ありがとうございました。

質問者一同　ありがとうございました。

あとがき

本書を精読《せいどく》すれば、幸福の科学の教えが、勉強不足のまま、駄文《だぶん》を書きつづり、売っている作家、ジャーナリスト、二流出版社らとは根本的に違っていることが分かるだろう。バカの一つ覚《おぼ》えのような邪教《じゃきょう》の〝洗脳《せんのう》〟とは大違《おおちが》いで、〝洗心《せんしん》〟または、既成《きせい》の学問を押し売りしようとしている人たちを〝逆精神分析〟にかけるようなところが私たちにはある。そこには〝だまされない精神〟も、〝常に正しさを求める態度〟も存在する。

当会が、宗教でありつつも、科学でも、学問でもあり続ける理由でもある。

アドラーは優《すぐ》れた学者であるが、私たちの言葉で言えば〝菩薩《ぼさつ》の一人〟にしかすぎない。

一人でも多くの人に、〝永遠の法〟に触れてほしいとつくづく感じる、今日、この頃である。

二〇一七年　三月二十一日

幸福《こうふく》の科学《かがく》グループ創始者兼総裁《そうししゃけんそうさい》　大川隆法《おおかわりゅうほう》

『公開霊言 アドラーが本当に言いたかったこと。』大川隆法著作関連書籍

『「人間幸福学」とは何か』（幸福の科学出版刊）
『「幸福の心理学」講義』（同右）
『釈尊の出家』（同右）
『仕事ができるとはどういうことなのか』（同右）
『フロイトの霊言』（同右）
『「ユング心理学」を宗教分析する』（同右）
『公開霊言 ニーチェよ、神は本当に死んだのか？』（同右）
『幸田露伴かく語りき』（同右）

※左記は書店では取り扱っておりません。最寄りの精舎・支部・拠点までお問い合わせください。
『大川隆法霊言全集 第41巻 天照大神の霊言②』（宗教法人幸福の科学刊）

公開霊言《こうかいれいげん》
アドラーが本当《ほんとう》に言《い》いたかったこと。

2017年4月4日　初版第1刷

著　者　　大《おお》　川《かわ》　隆《りゅう》　法《ほう》

発行所　　幸福の科学出版株式会社

〒107-0052 東京都港区赤坂2丁目10番14号
TEL(03)5573-7700
http://www.irhpress.co.jp/

印刷・製本　株式会社 堀内印刷所

落丁・乱丁本はおとりかえいたします

ISBN978-4-86395-899-9 C0011
写真：アフロ／akg-images/アフロ／IMAGNO/アフロ

大川隆法霊言シリーズ・人生を拓く成功哲学

現代の自助論を求めて

サミュエル・スマイルズの霊言

自助努力の精神を失った国に発展はない！『自助論』の著者・スマイルズ自身が、成功論の本質や、「セルフ・ヘルプ」の現代的意義を語る。

1,500円

幸田露伴かく語りき

スピリチュアル時代の＜努力論＞

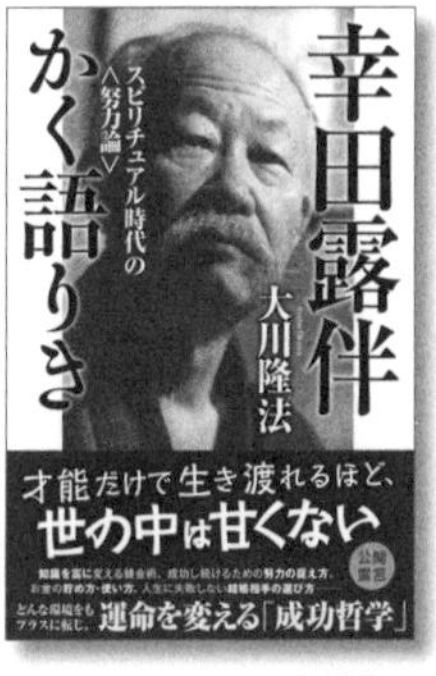

努力で破れない運命などない！ 電信技手から転身し、一世を風靡した明治の文豪が語る、どんな環境をもプラスに転じる「成功哲学」とは。

1,400円

渡部昇一流・潜在意識成功法

「どうしたら英語ができるようになるのか」とともに

英語学の大家にして希代の評論家・渡部昇一氏の守護霊が語った「人生成功」と「英語上達」のポイント。「知的自己実現」の真髄がここにある。

1,600円

大川隆法「法シリーズ」・**最新刊**

伝道の法

法シリーズ
第23作

人生の「真実」に目覚める時

人生の悩みや苦しみは
どうしたら解決できるのか。
世界の争いや憎しみは
どうしたらなくなるのか。
ここに、ほんとうの「答え」がある。

2,000円

第１章　心の時代を生きる ―― 人生を黄金に変える「心の力」
第２章　魅力ある人となるためには ―― 批判する人をもファンに変える力
第３章　人類幸福化の原点 ―― 宗教心、信仰心は、なぜ大事なのか
第４章　時代を変える奇跡の力 ―― 危機の時代を乗り越える「宗教」と「政治」
第５章　慈悲の力に目覚めるためには ―― 一人でも多くの人に愛の心を届けたい
第６章　信じられる世界へ ―― あなたにも、世界を幸福に変える「光」がある

幸福の科学出版　　※表示価格は本体価格（税別）です。

運命を変える、
もうひとつの世界。
君のまなざし
製作総指揮・原案／大川隆法
梅崎快人 水月ゆうこ 大川宏洋 手塚理美 黒沢年雄 黒田アーサー 日向丈 長谷川奈央 合香美希 春宮みずき
(特別出演)
監督／赤羽博 総合プロデューサー・脚本／大川宏洋 音楽／水澤有一 製作・企画／ニュースター・プロダクション 制作プロダクション／ジャンゴフィルム
配給／日活 配給協力／東京テアトル ©2017 NEW STAR PRODUCTION
5.20(土) ROADSHOW

幸福の科学グループのご案内

宗教、教育、政治、出版などの活動を通じて、地球的ユートピアの実現を目指しています。

幸福の科学

一九八六年に立宗。信仰の対象は、地球系霊団の最高大霊、主エル・カンターレ。世界百カ国以上の国々に信者を持ち、全人類救済という尊い使命のもと、信者は、「愛」と「悟り」と「ユートピア建設」の教えの実践、伝道に励んでいます。

（二〇一七年四月現在）

愛

幸福の科学の「愛」とは、与える愛です。これは、仏教の慈悲《じひ》や布施《ふせ》の精神と同じことです。信者は、仏法真理をお伝えすることを通して、多くの方に幸福な人生を送っていただくための活動に励んでいます。

悟り

「悟り」とは、自らが仏の子であることを知るということです。教学《きょうがく》や精神統一によって心を磨き、智慧《ちえ》を得て悩みを解決すると共に、天使・菩薩《ぼさつ》の境地を目指し、より多くの人を救える力を身につけていきます。

ユートピア建設

私たち人間は、地上に理想世界を建設するという尊い使命を持って生まれてきています。社会の悪を押しとどめ、善を推し進めるために、信者はさまざまな活動に積極的に参加しています。

海外支援・災害支援

国内外の世界で貧困や災害、心の病で苦しんでいる人々に対しては、現地メンバーや支援団体と連携して、物心両面にわたり、あらゆる手段で手を差し伸べています。

自殺を減らそうキャンペーン

年間約３万人の自殺者を減らすため、全国各地で街頭キャンペーンを展開しています。

公式サイト　www.withyou-hs.net

ヘレンの会

ヘレン・ケラーを理想として活動する、ハンディキャップを持つ方とボランティアの会です。視聴覚障害者、肢体不自由な方々に仏法真理を学んでいただくための、さまざまなサポートをしています。

公式サイト　www.helen-hs.net

INFORMATION

お近くの精舎・支部・拠点など、お問い合わせは、こちらまで！

幸福の科学サービスセンター

TEL. 03-5793-1727（受付時間 火〜金：10〜20時／土・日・祝日：10〜18時）

幸福の科学 公式サイト　happy-science.jp

ハッピー・サイエンス・ユニバーシティ

Happy Science University

教育

ハッピー・サイエンス・ユニバーシティとは

ハッピー・サイエンス・ユニバーシティ（ＨＳＵ）は、大川隆法総裁が設立された「現代の松下村塾」であり、「日本発の本格私学」です。

　建学の精神として「幸福の探究と新文明の創造」を掲げ、チャレンジ精神にあふれ、新時代を切り拓く人材の輩出を目指します。

学部のご案内

人間幸福学部

人間学を学び、新時代を切り拓くリーダーとなる

経営成功学部

企業や国家の繁栄を実現する、起業家精神あふれる人材となる

未来産業学部

新文明の源流を創造するチャレンジャーとなる

HSU長生キャンパス

〒299-4325

千葉県長生郡長生村一松丙 4427-1

TEL **0475-32-7770**

未来創造学部

時代を変え、未来を創る主役となる

政治家やジャーナリスト、ライター、俳優・タレントなどのスター、映画監督・脚本家などのクリエーター人材を育てます。４年制と短期特進課程があります。

・４年制

１年次は長生キャンパスで授業を行い、２年次以降は東京キャンパスで授業を行います。

・短期特進課程（２年制）

１年次・２年次ともに東京キャンパスで授業を行います。

HSU未来創造・東京キャンパス

〒136-0076

東京都江東区南砂2-6-5

TEL **03-3699-7707**

学校法人
幸福の科学学園

学校法人　幸福の科学学園は、幸福の科学の教育理念のもとにつくられた教育機関です。人間にとって最も大切な宗教教育の導入を通じて精神性を高めながら、ユートピア建設に貢献する人材輩出を目指しています。

幸福の科学学園

中学校・高等学校（那須本校）
2010年4月開校・栃木県那須郡（男女共学・全寮制）
TEL **0287-75-7777**
公式サイト **happy-science.ac.jp**

関西中学校・高等学校（関西校）
2013年4月開校・滋賀県大津市（男女共学・寮及び通学）
TEL **077-573-7774**
公式サイト **kansai.happy-science.ac.jp**

仏法真理塾「サクセスNo.1」 TEL **03-5750-0747**（東京本校）
小・中・高校生が、信仰教育を基礎にしながら、「勉強も『心の修行』」と考えて学んでいます。

不登校児支援スクール「ネバー・マインド」 TEL **03-5750-1741**
心の面からのアプローチを重視して、不登校の子供たちを支援しています。
また、障害児支援の**「ユー・アー・エンゼル!」運動**も行っています。

エンゼルプランV TEL **03-5750-0757**
幼少時からの心の教育を大切にして、信仰をベースにした幼児教育を行っています。

シニア・プラン21 TEL **03-6384-0778**
希望に満ちた生涯現役人生のために、年齢を問わず、多くの方が学んでいます。

NPO 活動支援

学校からのいじめ追放を目指し、さまざまな社会提言をしています。また、各地でのシンポジウムや学校への啓発ポスター掲示等に取り組む一般財団法人「いじめから子供を守ろうネットワーク」を支援しています。

ブログ **blog.mamoro.org**
公式サイト **mamoro.org**
相談窓口 **TEL.03-5719-2170**

政治

幸福実現党 釈量子サイト
shaku-ryoko.net
Twitter
釈量子@shakuryoko
で検索

党の機関紙
「幸福実現NEWS」

幸福実現党

内憂外患《ないゆうがいかん》の国難に立ち向かうべく、二〇〇九年五月に幸福実現党を立党しました。創立者である大川隆法党総裁の精神的指導のもと、宗教だけでは解決できない問題に取り組み、幸福を具体化するための力になっています。

幸福実現党 党員募集中

あなたも幸福を実現する政治に参画しませんか。

- ○ 幸福実現党の理念と綱領、政策に賛同する18歳以上の方なら、どなたでも党員になることができます。
- ○ 党員の期間は、党費（年額 一般党員５千円、学生党員２千円）を入金された日から１年間となります。

党員になると

党員限定の機関紙が送付されます。
（学生党員の方にはメールにてお送りします）

申込書は、下記、幸福実現党公式サイトでダウンロードできます。
住所：〒107-0052　東京都港区赤坂2-10-8 6階 幸福実現党本部
TEL 03-6441-0754　FAX 03-6441-0764
公式サイト hr-party.jp　若者向け政治サイト truthyouth.jp

出版
メディア
事業

幸福の科学出版

大川隆法総裁の仏法真理の書を中心に、ビジネス、自己啓発、小説など、さまざまなジャンルの書籍・雑誌を出版しています。他にも、映画事業、文学・学術発展のための振興事業、テレビ・ラジオ番組の提供など、幸福の科学文化を広げる事業を行っています。

アー・ユー・ハッピー?
are-you-happy.com

ザ・リバティ
the-liberty.com

幸福の科学出版
TEL **03-5573-7700**
公式サイト **irhpress.co.jp**

THE FACT
ザ・ファクト
マスコミが報道しない
「事実」を世界に伝える
ネット・オピニオン番組

Youtubeにて
随時好評配信中!

ザ・ファクト　検索

ニュースター・プロダクション

ニュースター・プロダクション(株)は、新時代の“美しさ”を創造する芸能プロダクションです。2016年3月には、映画「天使に“アイム・ファイン”」を公開。2017年5月には、ニュースター・プロダクション企画の映画「君のまなざし」を公開します。

NEW STAR
PRODUCTION

公式サイト **newstarpro.co.jp**